QUAND LE CIEL

ET LA TERRE

S'ENTRELACENT

Le travail de traduction est dédié à la longue vie de S. E. le XIIe Sitou Rinpoché, à celle du seigneur du refuge, le IIe Kalou Rinpoché, ainsi qu'à la prompte renaissance du très vénéré Bokar Rinpoché.

Je remercie chaleureusement Christian et Christine Jollin, les parents et les amis.

Tashi Tcheudreun

XIIe TAÏ SITOUPA

QUAND LE CIEL ET LA TERRE S'ENTRELACENT

Texte original anglais
mis en forme par Lea Terhune

Traduit de l'anglais par
Tashi Tcheudreun

Editions Claire Lumière

Les éditions Claire Lumière publient de nombreux ouvrages sur le bouddhisme tibétain.
Si vous souhaitez recevoir notre CATALOGUE et être tenu au courant de nos publications, il suffit de nous faire parvenir votre nom et votre adresse à l'adresse suivante :

Editions Claire Lumière
5 av. Camille Pelletan
13760 Saint-Cannat

Titre original : Relative World Ultimate Mind

ISBN 2-905998-78-4

SOMMAIRE

PRÉFACE

Panorama de la tradition bouddhiste du Tibet et de l'institution des lamas incarnés, agrémenté d'un aperçu de l'hagiographie du XIIe Taï Sitoupa.

Malgré des dimensions modestes, le présent ouvrage s'inscrit dans une histoire millénaire. Les origines de l'auteur relèvent d'un domaine qui, depuis quelques décennies, a donné matière à conjecture et libre champ à l'imaginaire, ou inspiré des récits d'aventures fondés sur des faits réels. Expulsés des lointaines forteresses montagneuses du plateau tibétain, les lamas, et ce que d'aucuns appelaient lamaïsme, avaient été soudainement projetés dans le tumulte du monde moderne ; leur venue correspondait à un intérêt sans cesse plus vif en Occident pour le bouddhisme. La rencontre récente entre les lamas du Pays des Neiges et les sociétés non bouddhistes a été, et continue d'être, un processus aussi fascinant que créatif, dont nous ne mesurons pas encore l'entière portée. Le XIIe Taï Sitoupa est ce que l'on nomme "un haut lama incarné". En un moment où l'héritage tibétain passe à l'Occident, ce maître offre une passerelle entre deux rives : sur le plan physique, par sa présente incarnation, et sur le plan de la compréhension, par un enseignement permettant aux Occidentaux qui le souhaitent de pénétrer le sens du bouddhisme et de l'appliquer.

Expliquer succinctement ce qu'est un "lama incarné" est une tâche pour le moins redoutable ! Cependant, il faut relever ce défi afin de répondre aux interrogations d'aujourd'hui. Le bouddhisme tibétain connaît en effet une notoriété croissante auprès du public, ne serait-ce qu'indirectement, en raison de la mise en lumière des questions politiques touchant le Tibet, son ancienne monarchie religieuse et son gouvernement en exil. Il serait difficile de bien saisir le phénomène des lamas incarnés sans une certaine familiarisation avec les principaux aspects de pratique religieuse et avec les composantes scolastiques[1], institutionnelles ou politiques, qui, de longue date, en forment la toile de fond.

Comme ce fut le cas lors de l'épanouissement du bouddhisme japonais, les enseignements du Bouddha Shakyamouni[2] ont évolué au Tibet à travers diverses lignées qui partagent les mêmes pratiques spirituelles et les mêmes *vues*[3] fondamentales, malgré leurs différences de style. L'une des traditions, spécifique du bouddhisme tibétain, est la reconnaissance des lamas incarnés. Cette coutume singulière peut rendre perplexe, surtout lorsque l'on constate que chaque lignée a ses propres méthodes en la matière. Afin d'éclairer quelque peu ces arcanes, penchons-nous sur la façon dont les enseignements se sont développés, dans ce pays isolé.

LE CONTEXTE

Les principales écoles du bouddhisme tibétain sont, par ordre d'émergence historique, les Lignées Nyingmapa, Kagyupa, Sakyapa et Guélougpa[4]; on note aussi que de nombreuses traditions d'enseignements spécifiques ont fleuri en leur sein au cours des siècles, dans les divers monastères appartenant à chacune d'elles. En ce qui concerne le *beun*, la religion animiste prébouddhique du Tibet, il offrit une résistance tenace aux premiers pandits indiens qui y apportèrent les enseignements. Au VIIIe siècle apr. J.-C., Shantarakshita, l'illustre abbé de la prestigieuse université de Nalanda (Inde), fut invité au Pays des Neiges par le roi bouddhiste Trisong Détsèn; mais, très vite, bien que le noble pandit eût

1 La *scolastique bouddhiste*. L'adjectif et le substantif "scolastique" désignent les aspects théoriques du bouddhisme, par opposition à la pratique.

2 "Le Sage des Shakya", littéralement "le Puissant des Shakya". *Shakya* est le nom du clan familial de Siddhartha Gautama (un clan royal d'une région septentrionale de l'Inde antique, correspondant au sud de l'actuel Népal).

3 "Vue" (tib. *tawa*) : point de vue, thèse (philosophique), opinion.

4 Il s'agit ici d'une énumération simplifiée. La liste traditionnelle selon Jamgœun Kongtrul Lodreu Thayé comporte huit lignées originelles nommées "les huit grands chariots de la lignée de la pratique" : Nyingmapa, Kadampa, Lamdré, Marpa Kagyu, Shangpa Kagyu, Shijé, Bou-Jo (tradition de Bouteun et tradition Jonangpa) et Dorjé Nyèndroup.

toute la faveur du monarque, il fut expulsé sans formalités par les prêtres beuns. Il en conclut à juste titre que ce dont le Tibet avait besoin, ce n'était pas d'un spécialiste de la logique comme lui, mais d'un pratiquant accompli du bouddhisme tantrique, capable d'affronter les chamans sur leur propre terrain. Shantarakshita suggéra alors d'inviter le yogi et lettré indien Padmasambhava, car il avait le sentiment que ce maître serait le mieux armé pour faire face à l'opposition animiste rencontrée au Pays des Neiges.

Un millénaire s'était écoulé entre le moment où le Bouddha avait donné ses enseignements et celui où ils furent introduits au Tibet. Il faut préciser que, dans ce laps de temps, le bouddhisme, toujours flexible au sein de la culture d'accueil, avait connu une évolution importante. Au cours des trois siècles suivant la mort du Bouddha, les règles strictes de l'enseignement originel cédèrent le pas à un style ouvert plus accessible aux laïcs (les personnes n'ayant pas l'ordination monastique), une approche à laquelle s'ajouta l'épanouissement, en Inde, de la voie des tantras bouddhistes. Cette combinaison conféra richesse et diversité au bouddhisme de l'époque, autant de qualités aptes à exercer un attrait sur la culture tibétaine d'alors, entièrement pénétrée d'une vision chamanique du monde. Deux types de maîtres entreprirent la diffusion du bouddhisme au Pays des Neiges : d'une part les pandits, des érudits insistant sur l'étude des textes et sur la logique, et d'autre part les yogis de la voie tantrique ; ces derniers, qui pouvaient également posséder une solide formation de lettrés, se dédiaient à des pratiques ésotériques, voire nimbées d'un caractère magique (effet indirect d'une méditation assidue, le plus souvent très rigoureuse). Les yogis furent ceux qui, les premiers, prirent pied au Tibet.

Padmasambhava s'y rendit comme souhaité aux alentours de 774. On lui doit l'implantation initiale du bouddhisme dans le pays. Il apparut que les forces négatives et les grands prêtres beuns, qui avaient donné tant de fil à retordre à Shantarakshita, ne furent pas de taille à lutter contre le maître Padmasambhava. Certains estiment que son séjour sur place, en deux visites, n'excéda pas deux ans ; cependant, son influence fut si considérable qu'il est révéré encore aujourd'hui comme le plus grand saint du Tibet, où il est connu de tous sous le nom de Gourou Rinpoché

(Précieux Maître) et où s'est répandue une profusion de récits sur ses miracles. Concrètement, Padmasambhava a introduit le bouddhisme au Pays des Neiges en privilégiant le grand véhicule et le tantrisme plutôt que les règles monastiques du petit véhicule, extérieurement plus strictes, établies dans les *soutras*.

Selon la tradition, le Bouddha lui-même a donné initialement les enseignements du grand véhicule au Pic des Vautours, près de Rajgir, dans la région indienne du Bihar. Ils présentent la vision ouverte qui sera développée au cours des siècles ultérieurs. Ce second cycle du dharma vient s'ajouter à la structure systématisée du petit véhicule (centré sur la libération individuelle) mais il va plus loin, plaçant au premier plan l'expérience de la vacuité, en laquelle est perçue la nature illusoire de tout composé – y compris des thèses philosophiques et du soi de l'individu. Ainsi peut-on réaliser la qualité éveillée inhérente à toute manifestation de la réalité. La compassion, appliquée à soi-même et à autrui, est une composante de ce processus ; aussi une part importante de la pratique est-elle consacrée à son développement. Selon la vue du grand véhicule, l'éveil ne se limite pas à une libération personnelle mais est recherché, au contraire, dans la perspective universelle du bien de tous.

Quant aux enseignements du véhicule vajra ou véhicule de l'indestructibilité, le troisième cycle du dharma, ils recouvrent l'ensemble des instructions secrètes tantriques transmises tout d'abord oralement ; les textes existent (les *tantras*) et, de façon coutumière, requièrent les explications d'un maître pour guider dans la compréhension et dans l'usage que l'on doit en faire.

Le grand véhicule et les traditions du véhicule vajra, en apparence plus souples, possèdent davantage d'éthique intérieure et comportent davantage de risques que le petit véhicule, inflexiblement structuré par de multiples directives externes. Voici ce qu'en a dit un lama : "La vraie pratique des tantras bouddhistes est extrêmement exigeante, c'est comme boire beaucoup d'alcool sans être ivre ou nager sans se mouiller." Elle demande notamment : une compréhension, suffisamment profonde pour voir au-delà des apparences, la nature de la réalité ; la pleine conscience de la relation de cause à effet ; et enfin, l'entière responsabilité, libre d'illusion trompeuse, de nos propres actes. Le bouddhisme tantrique présente un type de symbolisme qui peut fréquemment donner prise à des contresens, certains l'utilisant même en prétexte à divers excès. Or l'éthique du pur tantrisme est traditionnellement comparée au fil du rasoir, car elle ne laisse aucune place aux débordements ni au manque de rigueur ; on considère le tantrisme comme "le chemin rapide" vers l'éveil, mais aussi comme le plus dangereux. Un homme cultivé, un Tibétain laïque, a donné un jour des différents moyens pour parcourir la voie l'illustration suivante : le petit véhicule est semblable au rickshaw, qui va lentement ; s'il se renverse, cela ne causera pas beaucoup de mal à ses occupants. Le grand véhicule est comparable à l'autocar, à la vitesse bien supérieure ; s'il sort de la route, quelques personnes peuvent perdre la vie, cependant il reste de bonnes chances d'en réchapper. Le véhicule vajra est comme l'avion supersonique, à la vitesse incroyable ; s'il survient un accident en plein ciel, cela causera la mort de tous ceux qui sont à bord. Cette métaphore moderne faite maison donne une idée assez juste des trois niveaux du bouddhisme tibétain ancien, vus par ceux qui ont grandi dans ce courant.

Du bouddhisme de l'Inde, Padmasambhava a donc apporté au Pays des Neiges la philosophie, la voie des tantras et la représentation sacrée. De plus il semble bien qu'à l'instar de ce qu'accomplissait trois siècles auparavant dans l'Irlande celte son homologue chrétien Saint Patrick, le Précieux Maître ait incorporé aux rituels bouddhiques le panthéon des déités beuns, faisant ainsi des démons, ces ennemis en puissance, des gardiens coopératifs. Il fonda aussi le premier monastère bouddhiste du Tibet, Samyé, dont l'architecture fut calquée sur le modèle des universités monastiques de l'Inde. Shantarakshita revint alors au Pays des Neiges, où il resta après le départ du maître pour asseoir et sécuriser la toute récente institution de Samyé. Cependant, c'est Padmasambhava qui est considéré comme le fondateur de la Lignée Nyingmapa (l'École Ancienne) du bouddhisme tibétain, et qui demeure jusqu'à nos jours le personnage central de cette tradition.

La pratique tantrique du "grand achèvement" de la Lignée Nyingmapa remonte directement à Padmasambhava. On attribue également au maître les "trésors spirituels", part importante des écrits nyingmapas. La tradition rapporte que, lorsqu'il était au Tibet, il a caché ces enseignements de telle sorte que l'on ne puisse les retrouver qu'au moment opportun dans le futur. Il est des spécialistes qui contestent l'authenticité des sources attribuant autant de bienfaits à l'influence d'un seul homme. Comme l'a souligné David Snellgrove, la religion beun de l'époque présentait de nombreuses particularités qui figureront ultérieurement dans la tradition Nyingmapa ; les récits tendraient au merveilleux en raison de l'intérêt des Tibétains envers ce qui a trait aux miracles. Enfin, certains pensent que Padmasambhava a quitté ce monde lors de son second voyage de retour vers l'Inde, mais des sources nyingmapas rapportent qu'il demeura trente-cinq ans et demi au Tibet : ce fut une émanation du maître qui s'en retourna, tandis que lui-même restait au Pays des Neiges.

Au milieu du IXe siècle, le roi Langdarma, ennemi déclaré du bouddhisme, fit subir à la religion de graves persécutions et réussit à interrompre son essor. On doit attendre le début du XIe siècle pour en voir le puissant retour. Dans l'intervalle, l'enseignement du Bouddha avait été discrètement soutenu par des pandits indiens de passage et par des yogis errants aux grands pouvoirs, mais sa résurgence ne fut réellement assurée qu'à l'arrivée de l'éminent maître Atisha, invité par le roi Yéshé Eu. Ce monarque fut le premier à montrer, quatre générations après Langdarma, un intérêt actif pour le bouddhisme. Atisha passa les treize dernières années de sa vie au Tibet, œuvrant à replacer la religion, devenue un mélange dénaturé de tantrisme et de beun, dans le droit chemin du bouddhisme authentique. De son travail est née la tradition Kadampa.

Yéshé Eu envoya aussi en Inde des lettrés de son royaume du Tibet Occidental (le royaume de Gougué), ou les encouragea à s'y rendre, en vue d'étudier sur place et de rapporter des textes bouddhiques. Le plus renommé de ces savants est sans nul doute Rinchèn Zangpo. En ce temps-là, aller en Inde et en revenir vivant n'était pas un mince exploit pour les Tibétains. L'un des érudits de la même période à y parvenir fut Marpa le Traducteur, le fondateur de la Lignée Kagyupa ; son fils spirituel Milarépa deviendra un yogi célèbre et assurera la continuité de la lignée grâce à ses nombreux disciples. Les principaux maîtres indiens de Marpa furent Naropa et Maitripa, tous deux d'experts pratiquants des tantras comptant parmi les quatre-vingt-quatre "grands accomplis", des saints entrés dans la légende qui vécurent à cet âge d'or du bouddhisme en Inde. Malgré le fait qu'elle incorporera également une part importante de la tradition Kadampa, l'école Kagyupa s'est construite plutôt sur les tantras que sur l'enseignement classique ; cette combinaison d'éléments du petit véhicule, du grand véhicule et du tantrisme, ainsi que de l'animisme autochtone, illustre le mode d'adaptation caractéristique du bouddhisme tibétain, qui le rend unique parmi les formes de bouddhisme à travers le monde.

L'école Kagyupa fondée par Marpa s'est développée en quatre branches majeures et huit branches mineures. De ces lignées issues de la première beaucoup n'ont pas survécu, n'ayant pu traverser la phase de transition dans laquelle les a précipitées l'occupation chinoise du Tibet ; le mot tibétain *kagyu* signifie "transmission orale"[1] et, de fait, si le dernier détenteur d'une tradition décède avant d'en avoir transmis oralement la totalité à un proche disciple, cela marque la fin de la lignée. L'une des branches majeures de l'école Kagyupa est la Lignée Karma Kagyu, dont le chef spirituel est un lama nommé *le Karmapa* ; le premier Karmapa eut comme maître Gampopa, l'un des deux principaux disciples de Milarépa. C'est au sein de cette lignée que le Taï Sitoupa occupe une place importante.

Durant la deuxième moitié du XIe siècle, à peu près au moment où Marpa rapportait les enseignements d'Inde au Tibet, le lama Kheun Keunchok Gyelpo fondait dans la région du cours supérieur du Tsangpo, entre Lhassa et Shigatsé, un monastère qui fut nommé *Sakya*, "monastère de la Terre Blanche"[2], d'après la couleur particulière du terrain en cet endroit. Une tradition spirituelle éminemment érudite, similairement appelée *Sakyapa*, s'épanouit autour de ce centre. Les enseignements au cœur de la lignée proviennent du grand accompli Viroupa, dont on pense qu'il a visité Sakya. Il y donna des instructions au fils de Kheun Keunchok Gyelpo, Sachèn Kunga Nyingpo, qui devint par la suite un brillant érudit et un pratiquant hors pair. Les sakyapas furent d'exceptionnels lettrés. Le plus renommé est probablement Sakya Pandita, un maître de la première

1 Cf. Signification du mot *kagyu*, p. 223 in *Marpa, maître de Milarépa, sa vie, ses chants*, Série Tsadra, Éditions Claire Lumière, Saint-Cannat, 2003.

2 Traduction usuelle des sakyapas eux-mêmes. Littéralt., *kya* signifie : "couleur pâle, blanchâtre".

moitié du XIIIe siècle. Son neveu P'akpa, un autre lama remarquable, fut présent à la cour de Koubilaï Khan à l'époque où Marco Polo y faisait son apparition. D'importants monastères sakyapas furent construits au Tibet Oriental, dans la région de l'Amdo et au Tibet Central. Seules quelques parties du monastère de Sakya tel qu'il était avant l'invasion chinoise, abritant notamment de célèbres bibliothèques, purent survivre aux ravages perpétrés à l'instigation des Chinois[1] ; un très grand nombre de livres furent détruits ou disparurent.

C'est encore un lettré, Tsongkhapa, qui fonda la Lignée Guélougpa à la fin du XIVe siècle. On considère cette école comme réformée, en raison de son insistance sur la stricte discipline monastique, par contraste avec l'apparente "décontraction" des autres lignées, dont les lamas peuvent éventuellement être mariés, ou qui, en certaines circonstances, demandent qu'ils le soient. Tsongkhapa étudia auprès de maîtres de diverses appartenances, recueillant les enseignements qui devaient former une partie de la tradition Guélougpa ; mais c'est la doctrine Kadampa qui y sera surtout mise en valeur. Le code de la conduite éthique[2] sera énergiquement maintenu et une grande importance accordée aux études philosophiques. A l'origine, seuls des moines dûment ordonnés pouvaient rejoindre un monastère guélougpa. Quoique la lignée ait possédé des monastères dans tout le pays et même un bon nombre en Mongolie, c'est au Tibet Central que sa présence fut la plus marquante. Les guélougpas devinrent influents et entrèrent dans la vie politique centralisée à Lhassa. Il est de tradition que les Dalaï-Lamas et les Panchèn-Lamas appartiennent à cette lignée, dont la direction est assumée par le supérieur du monastère de Gandèn.

L'animisme rencontré par Shantarakshita et Padmasambhava différait probablement beaucoup du beun ultérieur ; en effet, cette croyance a ensuite assimilé le système bouddhique au point qu'elle lui est devenue très semblable sur le plan doctrinal. Elle a conservé la mythologie originelle avec ses propres déités et démons en lieu et place de ceux du bouddhisme, tout en intégrant une forme de grand achèvement (la pratique au cœur des enseignements nyingmapas). Des similitudes résultent aussi du fait que les

1 Lors de la Révolution Culturelle chinoise.

2 Code de la conduite éthique des moines et des moniales. Sct. *vinaya*.

bouddhistes ont adopté et adapté des objets de la tradition et des rituels beuns, afin de répondre aux aspirations d'une population qui, habituée aux cérémonies et au caractère magique du chamanisme, se refusait à y renoncer. Aujourd'hui, exception faite de quelques détails figuratifs, un temple du beun moderne ressemble fort à son pendant bouddhiste.

Les Tibétains en quête de savoir n'ont pas tendance à adhérer exclusivement à une école donnée. L'aspect institutionnel est une chose, mais lorsqu'il est question de spiritualité, un grand respect de toutes les lignées s'impose. L'approche des disciples sérieux consiste à recevoir des enseignements de lamas dans diverses écoles, selon le champ de connaissance qui les intéresse et en fonction de la compétence du maître. C'est comparable à ce qui se fait en Occident, où l'on peut étudier successivement dans différentes universités sous la tutelle d'éminents spécialistes afin d'acquérir le savoir spécifique et l'expérience souhaités. Chaque lignée a la réputation d'exceller dans tel ou tel domaine de la scolastique bouddhiste, de la pratique méditative, ou d'une combinaison des deux. Des maîtres qui sont de merveilleux enseignants et des saints se manifestent ici et là, rassemblant autour d'eux des disciples animés d'une ferveur enthousiaste. Bien que les familles aient des liens privilégiés séculaires avec le lama et la lignée du monastère voisin, le respect de cette connexion n'implique pas l'exclusivité ni le rejet d'autres maîtres de grande valeur. C'est un état d'esprit éclectique qui règne au sein du système bouddhique de base, lequel est l'assise fondamentale des diverses écoles de pensée.

LES LAMAS INCARNÉS

Le bouddhisme tibétain admet la réalité de la réincarnation avec, pour conséquence, l'avènement de la pratique consistant à reconnaître les lamas réincarnés. Cette coutume singulière explique que l'hagiographie des grands lamas contienne immanquablement des éléments habituellement absents de la trame narrative des biographies ordinaires. Le mot tibétain *tulkou*, comme son équivalent sanscrit *nirmanakaya*, signifie "corps d'émanation" ; on pourrait le traduire par "véhicule physique" (ce qui renvoie au mot "incarnation") : il fait référence à la venue dans une forme physique d'une personne extrêmement évoluée spirituellement. On considère un tulkou comme un "être de l'éveil"[1] en action : quelqu'un ayant atteint une compréhension suffisante pour s'être affranchi de toutes les entraves du cycle karmique des renaissances[2], quelqu'un dont les actes sont si purs qu'ils ont toujours des résultats positifs, quelqu'un ayant délibérément choisi par compassion de s'incarner sur Terre afin d'aider les autres, moins réalisés, à se libérer du cercle vicieux de la souffrance. Il se peut que les êtres de l'éveil ne soient pas encore des bouddhas se manifestant pleinement en tant que tels, cependant il est certain qu'ils ont atteint un niveau avancé et sont dignes d'écoute. Qu'ils s'incarnent pour le bien de tous, qu'ils choisissent délibérément de naître en ce monde plongé dans les ténèbres de l'ignorance, sacrifiant ainsi l'apanage d'une continuelle jouissance de la béatitude céleste… cette notion appartient de façon caractéristique au grand véhicule, où l'on souligne l'importance non seulement d'atteindre l'éveil pour son propre bien, mais aussi d'aider activement les autres, tout au moins en cultivant une attitude de compassion envers eux. Revenir dans le monde de la souffrance après avoir réussi à s'en libérer, c'est véritablement une forme suprême de générosité.

La reconnaissance des lamas incarnés a débuté au Tibet lorsque le premier Karmapa, Dusoum Khyènpa, fit la promesse de revenir afin de poursuivre son enseignement. Il donna alors à ses disciples des instructions expliquant comment ils pourraient le localiser quand il se réincarnerait, ce qu'il fit effectivement. On le retrouva donc, et ses particularités concordaient avec les renseignements fournis par son prédécesseur. Depuis, la plupart des Karmapas ont laissé des indications prédisant les circonstances de leur future naissance ; ces indices, quoique souvent sibyllins, se révèlent étonnamment exacts une fois déchiffrés. Par la suite, les Karmapas et d'autres lamas incarnés hautement respectés, comme les Taï Sitoupas, acquirent la réputation d'avoir une capacité spéciale à localiser les incarnations ; de nos jours également, de tels maîtres sont consultés

1 Sct. *bodhisattva.*

2 Ou "cycle des existences" (sct. *samsara*), qui se caractérise par les renaissances successives dans divers états pénétrés de souffrances inévitables. La cause première de ces renaissances est l'ignorance.

par des moines empressés de retrouver le lama défunt de leur monastère. Lorsqu'un enfant de ce type a été découvert, il arrive que l'on effectue des tests afin de confirmer qu'il est bien l'incarnation recherchée, mais souvent, la reconnaissance officielle par un grand lama révéré est suffisante. Certaines lignées ont coutume de s'intéresser d'abord à un bon nombre de candidats. Par exemple, pour localiser la présente incarnation de Ling Rinpoché (dignitaire guélougpa qui fut le tuteur principal de l'actuel Dalaï-Lama), on en inventoria des centaines ; la liste fut ensuite réduite à trois enfants qui furent examinés de manière plus approfondie. D'autres écoles s'en remettent aux capacités prédictives des lamas incarnés qui ont un don pour trouver les incarnations. Quant à la charge de dirigeant de la Lignée Sakyapa, elle se transmet d'oncle à neveu. Finalement, quelle que soit la tradition, une fois les conditions remplies, on intronise l'enfant dans le lieu qui est son siège monastique et l'instruction spécifique correspondant à son statut peut débuter ; lorsque le jeune lama a achevé ses études, il assume la responsabilité des communautés monastique et laïque qui ont été sous sa protection depuis, fréquemment, plusieurs générations.

Il est passionnant d'observer ces enfants spéciaux. Le IXe Khamtrul Rinpoché, intronisé en 1983 au monastère de Tashijong, en Inde, en offre un bon exemple. Le précédent Khamtrul, une importante incarnation au sein de la Lignée Droukpa Kagyu, s'était éteint en 1980 à l'âge de quarante-huit ans. Après son décès, ses moines approchèrent deux lamas incarnés très respectés pour leur demander des indications sur le lieu où chercher le nouveau Khamtrul. On retrouva l'enfant d'après les renseignements donnés par les lamas, informations qui s'avérèrent identiques bien qu'obtenues séparément. A l'âge de deux ans, le petit Khamtrul Rinpoché se tint assis avec une contenance et une vigilance impressionnantes, pendant les heures que dura la fastidieuse cérémonie d'intronisation. Quand il fut installé à Tashijong, il étonna tout le monde non seulement en raison du fait qu'il pouvait prendre part à de longs rituels, mais aussi parce qu'il saluait spontanément les anciens amis et les personnes de la suite du précédent Khamtrul en les appelant par leur nom, alors que c'était leur première rencontre… cette fois-ci, tout au moins ! Il fit également preuve d'enthousiasme pour les activités qui sont le renom des Khamtruls, la peinture et la danse sacrée.

Il existe diverses sortes d'incarnations. Aux yeux des Tibétains, les maîtres les plus remarquables sont ceux qui ont à leur actif de nombreuses existences au cours desquelles ils ont réalisé d'excellentes œuvres. En ce qui concerne le titre de "lama", on l'emploie dans un esprit de reconnaissance respectueuse à l'égard de qui a accompli beaucoup de pratique méditative. Souvent, il s'agit de la traditionnelle retraite de trois ans, après laquelle les participants seront testés quant à leur compréhension et leur degré de dextérité dans les yogas ; s'ils réussissent l'épreuve, ils reçoivent le titre de lama. Il y a aussi ceux qui poursuivent la méditation en retraite solitaire durant la majeure partie de leur existence. Lorsqu'un lama est un saint homme, on peut lui donner le titre de *rinpoché* ("précieux"), d'ordinaire réservé aux incarnations, même si ce n'est pas encore son cas ; c'est après sa mort que les disciples se lanceront à la recherche de sa réincarnation. Parfois, tel lama prédit son retour, parfois tel autre ne le fait pas. Il arrive qu'un enfant se mette à raconter des souvenirs de sa vie antérieure dans un monastère donné, attirant ainsi l'attention des parents sur la possibilité que leur fils puisse être une incarnation. Par exemple quand, tout jeune, il s'amusait avec les enfants du voisinage, l'actuel XIIe Droukchèn Tulkou (chef de la Lignée Droukpa Kagyu) jouait à célébrer les rituels, ce dont il n'avait pas de connaissance particulière.

Les familles elles-mêmes ont des réactions diverses en découvrant qu'un lama s'est réincarné en leur sein. Pour les gens pauvres, c'est une chance inopinée ; si le fils devient le supérieur d'un grand monastère, cela apporte souvent sécurité financière et prestige. En revanche, les parents aisés rechignent fréquemment à l'idée de devoir céder le fils unique ou l'aîné au monastère, parce qu'il faut un héritier de sexe masculin qui puisse perpétuer le nom et les affaires de la famille ; aussi n'est-il pas rare que leur réponse soit négative. Le IIIe Jamgœun Kongtrul, un des importants lamas incarnés de la Lignée Karma Kagyu, était né fils aîné de l'une des plus riches familles de commerçants du Tibet. Tout petit, il fut reconnu par le XVIe Karmapa, mais son grand-père refusa de le destiner à la vie religieuse. Le Karmapa demanda alors à l'aïeul s'il autoriserait que l'enfant soit élevé au monastère, dans l'éventualité où naîtrait un deuxième fils, et obtint son assentiment. Un an et demi après vint au monde un autre garçon qui pourrait remplir le rôle de l'aîné, et la promesse fut tenue; Jamgœun Kongtrul reçut la permission de rejoindre le monastère.

Les incarnations féminines sont rares, mais elles existent. Les Tibétaines jouissaient peut-être de davantage de droits et de libertés que la plupart de leurs sœurs des autres pays asiatiques, cependant il ne fait aucun doute que l'état religieux de type patriarcal imposait, d'une certaine façon, une restriction à la reconnaissance sur une large échelle des incarnations féminines. Quoique les couvents de religieuses fussent nombreux au Pays des Neiges, c'était encore peu comparé à la multitude de monastères de religieux. On tenait en égale haute estime la pratique religieuse sincère des hommes et des femmes, mais la place de ces dernières dans la société leur laissait moins le choix de consacrer leur vie au dharma. Malgré cela, certains des saints les plus populaires sont, en fait, des saintes. C'est le cas de femmes extraordinaires, devenues célèbres, telles que Yéshé Tsogyel, Guélongma Pelmo et Machik Lapdreun. Elles fondèrent ou transmirent d'importantes lignées qui demeurent, des siècles après elles, des piliers de la voie de la pratique.

Des femmes à la vocation sans faille se sont, tout comme les hommes, pleinement engagées dans l'étude et la mise en application du dharma, faisant de longues retraites méditatives au cours desquelles elles accomplissent les mêmes pratiques. La Lignée Droukpa Kagyu est réputée pour ses formidables yogis, les *thokdèns*[1], dont quelques-uns vivent et enseignent encore de nos jours au monastère de Tashijong. On connaît moins les *thokdènmas*, qui autrefois au monastère de Khampagar, au Tibet Oriental, furent aussi nombreuses que leurs homologues masculins. Au Pays des Neiges, certaines lignées autorisaient hommes et femmes à résider dans des hébergements proches les uns des autres afin qu'ils puissent suivre les enseignements des mêmes maîtres. Cependant, en règle générale, ceux qui possédaient les vœux de moine et de moniale étaient logés dans des quartiers entièrement séparés. Les couvents fonctionnaient de manière autonome, dirigés par une abbesse et administrés comme les monastères.

1 Ces pratiquants ne se coupent pas les cheveux, qu'ils portent enroulés autour de la tête.

Enfin, il faut citer l'émanation féminine la plus importante du Pays des Neiges, celle de Laie Vajra en la personne de la supérieure du couvent de Samding, qui se trouve au Tibet Central près du lac Yamdrok.

HAGIOGRAPHIE DU XIIE TAÏ SITOUPA : UNE LIGNÉE D'ÉMANATIONS DE MAITREYA

L'hagiographie d'un lama incarné est donc un genre biographique spécifique comportant toujours l'ensemble du lignage constitué de ses incarnations précédentes, car le maître dont on retrace l'histoire est une présence physique qui s'inscrit dans le cours des émanations successives (parfois même simultanées) d'un être de l'éveil particulier ou d'un bouddha.

Il y a des centaines de lamas incarnés dans la tradition tibétaine, chaque monastère grand ou petit ayant une connexion qui lui est propre avec plusieurs d'entre eux. Certains possèdent un rang très élevé grâce auquel ils ont pu exercer, durant des siècles, une influence considérable dans les régions du Pays des Neiges où ils vivaient et où ils voyageaient. L'actuel Taï Sitoupa est le douzième d'une lignée d'incarnations qui s'étend sur plus d'un millénaire et dont l'histoire est partie intégrante du développement de la scolastique et de la pratique religieuse, au Tibet Oriental, le Kham, où se trouve son siège principal, le vaste monastère de Pelpoung.

L'hagiographie débute avant même que le titre de Taï Sitoupa ne soit conféré aux incarnations de cette lignée. Elle remonte au temps des grands accomplis de l'Inde, devenus célèbres en raison de leur sainteté illustrée de miracles. Selon les récits de la tradition, le Taï Sitoupa est une émanation de l'être d'éveil Maitreya ("Amour"), qui sera le prochain Bouddha et qui, depuis l'époque de Shakyamouni, s'est incarné sous la forme de nombreux yogis indiens et tibétains. Les biographies citent une telle émanation en la personne du grand accompli Dombipa, roi du Magadha et disciple de Viroupa (sct. *Virupa*) ; le saint homme pratiqua les tantras secrètement pendant douze ans, puis renonça au trône afin de mener une existence de yogi en des lieux reculés et sauvages. Une autre émanation fut Dènma

Tsémang, l'un des vingt-cinq principaux disciples de Padmasambhava, réputé pour sa mémoire extraordinaire. Une des premières incarnations de grande importance au Pays des Neiges fut Marpa (1012-1097). Ce Tibétain alla étudier en Inde, où il recueillit de Naropa et d'autres maîtres les transmissions de la lignée, en même temps que les textes qu'il traduisit et rapporta au Tibet. Marpa fit, en tout, trois voyages vers l'Inde. Sa biographie est d'un grand intérêt pour les personnes engagées de nos jours dans le bouddhisme. Père de famille et fermier, il avait, selon un avis unanime, un caractère irascible ; il connut les vicissitudes de l'existence, tel le décès d'un fils bien-aimé. Pourtant, il intégra avec succès la scolastique bouddhiste ainsi qu'une pratique pleinement fructueuse dans ses occupations journalières de laïc, avec l'assistance de son épouse exceptionnelle, Daméma.

L'incarnation en la personne de Drogœun Réchèn (1148-1218) établit un lien entre la future lignée des Sitoupas et celle des Karmapas, une connexion qui perdure aujourd'hui. Drogœun Réchèn fut l'un des principaux fils spirituels du premier Karmapa Dusoum Khyènpa (1110-1193). Depuis lors, ces deux grands lamas incarnés ont conservé une relation ininterrompue de maître à disciple, déterminante dans la continuité des enseignements et des pratiques de l'école Karma Kagyu. C'est devenu la coutume que le Karmapa reconnaisse l'incarnation du Taï Sitoupa et soit son principal maître, puis que le Taï Sitoupa reconnaisse celle du Karmapa et lui transmette à son tour les enseignements.

Vinrent deux émanations en tant que yogis extrêmement réalisés, Yéshé Nyingpo et Rigowa ; le premier, notamment, fut l'un des disciples de l'extraordinaire IIe Karmapa, Karma Pakshi. Il y eut ensuite une incarnation en la personne d'un empereur chinois du nom de Taï Tsou, doté d'un pouvoir spirituel hors du commun, qui devint disciple du Ve Karmapa, Déshinshèkpa. Grâce à son don de clairvoyance, Taï Tsou perçut, sur la tête de son maître, une parure invisible à la vision ordinaire. Ayant fait confectionner une coiffe ressemblant à cet ornement, il l'offrit au Karmapa : ainsi, lorsque celui-ci la porterait, d'autres pourraient eux aussi la contempler et recueillir la bénédiction issue d'une représentation extérieure de la coiffe "intérieure" (la coiffe symbolise une très grande réalisation au niveau intérieur). Du présent de l'empereur est née la cérémonie traditionnelle de la Coiffe Noire, pour laquelle les Karmapas sont renommés et qu'ils ont célébrée jusqu'à nos jours.

Cheukyi Gyeltsèn (1377-1448) fut la première incarnation à porter le titre de Taï Sitou, conféré en 1407 par un autre empereur de Chine, Young Lo, de la dynastie Ming. Le libellé en chinois dans son intégralité étant plutôt long, on le résume en général sous une forme qui en préserve l'essentiel : *Kouang Ting Taï Sitou* (Khèntin Taï Sitou), et signifie : "Universel / Inébranlable / Grand maître / Détenteur des commandements". Cheukyi Gyeltsèn fut un proche disciple de Déshinshèkpa, qui le nomma instructeur en chef de son principal monastère de l'époque, Karma Gœun ; fondé au Tibet Oriental en 1185 par le premier Karmapa Dusoum Khyènpa, ce monastère a été le siège initial des Karmapas.

Le VIe Karmapa reconnut et intronisa le IIe Taï Sitoupa Tashi Namgyel (1450-1497). Plus tard, il lui fit don de Karma Gœun, célèbre pour sa bibliothèque renfermant une profusion de textes sanscrits et pour toutes les formes artistiques extrêmement raffinées faisant sa beauté. Jusqu'à sa destruction dans l'histoire récente, Karma Gœun sera un joyau unique de l'érudition et de l'art tibétains, avec ses statues, ses sculptures, ses peintures…

Le IIIe Sitoupa Tashi Peljor (1498-1541) et le IVe Sitoupa Cheukyi Gocha (1542-1585) poursuivirent leur activité bénéfique dans ce monastère et dans tous ceux qui, au Tibet Oriental, se plaçaient sous son influence. Le IIIe Sitoupa découvrit l'incarnation qui était le VIIIe Karmapa, Mikyeu Dorjé (1507-1554), et devint l'un de ses principaux maîtres. Puis Mikyeu Dorjé devint à son tour celui du IVe Sitoupa.

Le IXe Karmapa, Wangchouk Dorjé, décerna une distinction au Ve Taï Sitoupa, Cheukyi Gyeltsèn Pelzang (1586-1657), en lui faisant présent de la Coiffe Rouge à titre de reconnaissance de son haut degré de réalisation spirituelle. Durant le séjour en Chine du Karmapa, le Ve Sitoupa fit construire le vaste monastère de Yermoché et en fit agrandir plusieurs autres.

La sixième incarnation de Taï Sitoupa, Mipam Cheugyel Rabtèn (1658-1682), fut un yogi. Les textes lui attribuent de nombreux miracles, comme laisser ses empreintes dans la roche ou suspendre son rosaire à un rayon de soleil. Fils du roi de Ling, le VIIe Taï Sitoupa, Mawai Nyima (1683-1698), mourut très jeune.

Parmi les incarnations, la plus extraordinaire pourrait bien être le VIIIe Taï Sitoupa, Cheukyi Joung Né (1700-1774). Ce fut un sage et un visionnaire, expert en sanscrit, médecin, et peintre de thangkas novateur. Dès sa prime jeunesse, c'était déjà un brillant lettré, célèbre en outre pour son don à prédire des événements de façon précise. En 1727, il fonda dans la région de Dergué le monastère de Pelpoung, qui allait devenir le siège des Taï Sitoupas. Convié à se rendre en Chine en compagnie du XIIe Karmapa, Jangchoub Dorjé, il déclina l'invitation afin de s'occuper de son monastère. Le Karmapa et le VIIIe Shamarpa moururent en Chine à quelques jours d'écart, et Sitou Cheukyi Joung Né se chargea des monastères du Karmapa en plus des siens. Il devint ensuite le maître du XIIIe Karmapa, Dudul Dorjé, du IXe Shamarpa, ainsi que du roi de Dergué, Tènpa Tséring. Grâce au patronage du souverain, qui lui demanda de réviser le Kangyour et le Tèngyour (les deux grands ensembles de textes qui constituent le Canon du bouddhisme tibétain), le VIIIe Taï Sitoupa mit en place à Lhundroup Tèng la presse xylographique de l'Imprimerie de Dergué[1]. Les textes qui y furent imprimés possédaient un tel degré de qualité qu'ils ont pu connaître une réimpression en éditions modernes par reproduction photographique ; à l'heure actuelle, les archives tibétaines du monde entier en conservent des exemplaires. Sitou Cheukyi Joung Né était linguiste et polyglotte, il enseignait le sanscrit et son ouvrage sur la grammaire tibétaine est toujours en usage aujourd'hui. Il professait tout aussi bien en népalais et en chinois. Il voyagea beaucoup à travers le Tibet, au Népal et en Chine. Il rédigea de nombreux traités sur l'astrologie et la médecine. Son talent original en dessin et en peinture introduisit un style inédit qui sera ensuite développé et transmis par ses étudiants. Pelpoung devint l'un des centres monastiques majeurs du Pays des Neiges. Il y fleurissait une tradition unique d'art et d'érudition, qui se répandit aux autres monastères kagyupas placés dans sa sphère d'influence et situés en des lieux aussi éloignés que Shitsang, que

1 L'Imprimerie de Dergué ayant été épargnée par les destructions de l'histoire récente, elle fonctionne de nos jours comme autrefois.

le Yunnan, le Chinghai et le Sichuan. Avec le soutien financier du roi de Dergué, le VIIIe Taï Sitoupa fonda également plusieurs autres monastères.

Sitou Cheukyi Joung Né usait librement de son franc-parler pour dénoncer l'hypocrisie et l'avidité endémiques dans certains monastères en ce temps-là. Il réprouvait l'attitude de ceux qui brisaient leurs vœux et sacrifiaient toute compassion sur l'autel de l'intérêt personnel, exploitant autrui pour gagner renommée et biens matériels. Dans l'un de ses chants de réalisation, il les a qualifiés de "gourous charlatans" qui "atteignent l'accomplissement des quatorze fautes-racines" et "sèment inutilement les graines de l'enfer"[1]. Ce Sitoupa fut une grande source d'inspiration pour ses disciples, dont beaucoup devinrent à leur tour des maîtres. Avant de quitter son corps, il prit soin de prédire les circonstances de sa prochaine incarnation.

Le IXe Taï Sitoupa, Péma Nyinjé Wangpo (1774-1853), maîtrisa les disciplines de la scolastique dès son jeune âge. Son influence stimula le climat intellectuel à Pelpoung, provoquant une renaissance de la pensée bouddhiste. Il reconnut la grandeur innée d'un enfant qui allait devenir célèbre sous le nom de Jamgœun Kongtrul Lodreu Thayé (1813-1899) et être l'inspirateur de génie de la renaissance œcuménique du bouddhisme tibétain au XIXe siècle. Principal artisan de ce mouvement, Jamgœun Kongtrul fut l'un des érudits véritablement prodigieux de l'histoire du pays ; pour réaliser son œuvre, il mobilisa ses connaissances très approfondies de toutes les traditions, depuis sa religion familiale, le beun, jusqu'aux lignées bouddhistes qu'ensuite il rejoignit et dont il étudia les enseignements. Sitou Péma Nyinjé Wangpo avait le don de reconnaître les êtres de génie et de les prendre sous son aile, sans faire de distinction d'appartenance à telle ou telle lignée (une discrimination qui n'était que trop courante alors). Aussi était-il entouré des esprits les plus brillants de l'époque. Il fut l'un des principaux maîtres du XIVe Karmapa Thèkchok Dorjé. Il avait en outre une étroite connexion avec le yogi Chokgyour Lingpa et avec Jamyang Khyèntsé Wangpo, de grandes figures de la tradition Nyingmapa comme de la tradition Kagyupa. Le IXe Sitoupa eut une longue vie, dont

1 Accomplissement (sct. *siddhi*). "Le Chant de Cheukyi Joung Né" est publié en anglais sous le titre "The Song of Chökyi Jungne", in *Rain of Wisdom*, Shambhala Publications, Boulder and London, 1980.

il passa les trente dernières années retiré du monde. Durant cette période, il eut souvent l'occasion d'étonner ses moines par ce qui semble être son omniscience, en supervisant les affaires du monastère depuis son ermitage. On rapporte qu'une fois il exhorta un moine à cesser d'user de la boisson… pour la plus grande surprise de l'intéressé, qui croyait évidemment sa défaillance bien cachée – tout au moins, bien cachée du supérieur du monastère, reclus en stricte retraite.

Le Xe Taï Sitoupa, Péma Kunzang (1854-1885), fut lui-même reconnu et intronisé par ses illustres précédents disciples, le XIVe Karmapa et Jamgœun Kongtrul Lodreu Thayé. Ce fut un yogi qui développa d'extraordinaires pouvoirs, au travers de diverses pratiques méditatives auxquelles il consacra sa vie, relativement courte.

Le XIe Taï Sitoupa, Péma Wangchouk Gyelpo (1886-1952), fut à nouveau une incarnation réputée pour sa puissance et son efficacité formidables. Apparemment, il possédait également un caractère bien trempé ! Il est encore des personnes qui l'ont connu et se souviennent de lui ; certains racontent des anecdotes à propos de sa discipline aussi sévère qu'implacable. Péma Wangchouk Gyelpo fit agrandir Pelpoung, devenu de son temps le centre administratif chargé des besoins spirituels et temporels de treize domaines monastiques situés dans diverses provinces du Tibet Central et du Tibet Oriental. Le XIe Taï Sitoupa envoya ses représentants dans chacun des domaines pour régler les questions administratives et religieuses. Lui-même voyagea sans cesse afin d'enseigner et d'améliorer l'éthique et la discipline au sein des cent quatre-vingts monastères placés sous sa protection. Il inspirait à tous un respect mêlé de crainte dû à sa réputation d'être rigoureusement pointilleux sur l'observance des vœux monastiques et de faire donner, sans la moindre hésitation, une correction à ceux qui les endommageaient ou les brisaient. Il reconnut la réincarnation qui était le jeune XVIe Karmapa, sans même l'aide de la lettre de prédiction du prédécesseur, qu'il n'avait pas lue ; en effet, elle avait été escamotée après le décès du XVe Karmapa par un moine qui craignait Sitou Péma Wangchouk et avait pris la fuite. Quand on retrouva enfin le document, son contenu confirma, corroborant chaque détail, que l'enfant reconnu par le Taï Sitoupa était bien l'authentique incarnation. Ce XIe Sitoupa fut le principal maître du XVIe Karmapa.

Le XIIe et actuel Taï Sitoupa, Péma Deunyeu Nyinjé, est né en 1954, l'année tibétaine masculine du cheval et de l'élément bois. Sa famille, qui porte le patronyme de Liou, habitait dans le comté de Pelyul du royaume de Dergué, au Tibet Oriental. La naissance fut accompagnée des signes de bon augure qui marquent la venue au monde d'un haut lama incarné, auspices dont fait partie la reconnaissance de l'événement par le XVIe Karmapa. A ce moment-là, le Karmapa séjournait à Pékin comme membre d'une délégation qui escortait le Dalaï-lama ; ayant connaissance, en sa clairvoyance, de la naissance imminente du XIIe Taï Sitoupa, il rédigea une lettre indiquant clairement l'identité des parents et leur lieu de résidence. Ce document et des phénomènes naturels insolites tels qu'un arc-en-ciel à l'intérieur de la maison et un tremblement de terre, ainsi que les autres signes indubitables qui entourèrent la naissance, permirent de reconnaître de façon certaine l'incarnation actuelle. A l'âge d'un an et demi, le jeune lama fut escorté jusqu'à son siège monastique de Pelpoung, selon la coutume religieuse, afin d'y être intronisé par le Karmapa. Quand le conflit sino-tibétain atteignit un seuil critique au Tibet Oriental, on emmena Sitou Péma Deunyeu Nyinjé au monastère de Tsourpou, le siège du Karmapa, qui est situé près de Yangpachèn au Tibet Central. Là, il célébra sa première cérémonie de la Coiffe Rouge, un rituel devenu traditionnel depuis le jour où le IXe Karmapa avait fait présent de la Coiffe au Ve Taï Sitoupa. L'enfant resta une année à Tsourpou ; finalement, à l'âge de cinq ans, il quitta sa terre natale en compagnie des membres de sa suite pour se rendre au Bhoutan, un pays dont la reine mère et le roi Jigmé Dorjé avaient été des disciples du précédent Sitoupa, Péma Wangchouk. Puis le jeune XIIe Taï Sitoupa alla vivre à Gangtok, au Sikkim. Ayant contracté la tuberculose, il fut ensuite conduit à Darjeeling afin de résider à proximité de structures médicales. Après sa guérison, il retourna au Sikkim pour demeurer cette fois au monastère de Rumtek où il fut confié au Karmapa, qui lui donna son éducation religieuse formelle.

Le Taï Sitoupa, autrefois chef de grands monastères, fut obligé, dans la présente incarnation et alors qu'il n'était qu'un enfant, de lutter pour sa survie… comme durent aussi le faire les quelques rescapés de son entourage. Tous étaient soudainement devenus des réfugiés en Inde. En réalité, c'est à peine si lui-même et ses trois moines parvenaient à vivoter, jusqu'à ce qu'une organisation caritative aux États-Unis finisse par trouver un donateur pour le jeune lama. Nola McGarry, sa bienfaitrice américaine, participa à son soutien financier tandis qu'il grandissait ; elle l'encouragea aussi à étudier l'anglais en lui écrivant et en lui envoyant des livres. Elle ne fera sa rencontre qu'en 1982 lors du premier voyage du Taï Sitoupa aux États-Unis à titre d'enseignant.

A vingt-deux ans, Sitou Rinpoché assuma la responsabilité de fonder son nouveau siège monastique, sur un terrain que des disciples originaires de Dergué et de Nangchèn lui avaient offert. Nanti de la bénédiction et des encouragements du Karmapa, il quitta le Sikkim pour l'Himashal Pradesh, un état himalayen du nord de l'Inde. Une fois sur place, il fit monter des tentes sur un territoire de collines boisées, proche de Palampur et de la communauté tibétaine de Bir, et entreprit d'ériger le monastère de Shérab Ling[1].

La construction progressa lentement durant cinq années. Aux moines s'était joint un petit groupe d'étudiants occidentaux, dont certains financèrent l'édification, sur le domaine, de maisonnettes de retraite où l'on pourrait s'engager dans des pratiques méditatives approfondies sous la direction du Taï Sitoupa. Après cela, Sitou Rinpoché se rendit en Occident pour enseigner le dharma : la première fois en 1981, au centre tibétain de Samyé Ling, en Écosse ; puis en 1982 aux États-Unis, où il était déjà allé une fois à titre officieux, lors du décès du XVIe Karmapa (survenu à Chicago en novembre 1981). Sitou Rinpoché visita également plusieurs pays d'Asie du Sud-Est.

Depuis, il s'est partagé entre des voyages à l'étranger consacrés à l'enseignement du dharma et son activité dans le monastère tranquille des contreforts himalayens de l'Himashal Pradesh. En plus de son rôle de moine bouddhiste, d'enseignant et d'abbé supérieur, il s'est dédié tout

1 Pour les lecteurs internautes, en voici l'adresse : www.sherabling.org

particulièrement à promouvoir la paix dans le monde. Cette vocation a abouti en 1989 à son Pèlerinage pour une Paix active, auquel ont pris part, à l'échelle internationale, nombre de dirigeants religieux et de personnes engagées dans l'humanitaire ; l'effort a porté sur la mise en œuvre des moyens pratiques permettant de contribuer activement à l'essor, pour soi-même et pour autrui, d'une paix intérieure et extérieure. Son souci de partager avec d'autres les principes bouddhistes a amené Sitou Rinpoché à fonder, en 1983, l'Institut Maitreya. C'est un lieu de rencontre et d'échange où l'on peut, sans attitude sectaire ni parti pris religieux, explorer diverses approches de l'épanouissement spirituel – celle des arts, de la philosophie, de la psychologie et des médecines naturelles[1].

Le présent ouvrage est le fruit des souhaits du Taï Sitoupa : rendre accessibles certaines notions bouddhistes utiles, mais souvent techniques, qui sont applicables aux activités quotidiennes, et distiller la quintessence de sujets complexes en une forme compréhensible par tous, bouddhistes ou non-bouddhistes.

Je voudrais ici exprimer ma reconnaissance, non seulement à Taï Sitou Rinpoché lui-même, mais aussi à Khènchèn Thrangou Rinpoché, qui a généreusement partagé son formidable trésor de savoirs et m'a aidée en éclaircissant plusieurs points du texte. Ma gratitude va aussi à E. Gene Smith, qui a eu la gentillesse de faire la relecture, de donner son avis toujours précieux et d'offrir sans compter des informations dont il possède une mine inépuisable, celle de sa connaissance encyclopédique ! Je suis également reconnaissante à David Jackson, qui a apporté ses lumières en matière de tradition Sakyapa. Je souhaite remercier Lynn Bennett, Janet Chawla, Manju Dalmia et Kalima Rose pour leurs commentaires sur les ébauches initiales du texte. Je dois beaucoup à Shédroup Akong Rinpoché et à toute l'équipe du centre tibétain de Samyé Ling, qui m'ont gracieusement offert leur aide et leur hospitalité lorsque je travaillais sur le manuscrit, ainsi qu'à Peter Roberts et à Ken Holmes. Ma gratitude va aussi

1 Il existe actuellement un Institut Maitreya à San Francisco et un à Hawaï.

à Emily Hilburn Sell, conseillère de rédaction aux éditions Shambhala, pour ses compétences éclairées. Les derniers remerciements, mais non les moindres, vont à l'éditeur Sam Bercholz, de Shambhala Publications, qui a, le premier, encouragé ce projet.

Lea Terhune

QUAND LE CIEL
ET LA TERRE
S'ENTRELACENT

INTRODUCTION

Le prince Siddhartha Gautama, de la lignée familiale des Shakya, est devenu bouddha, "éveillé", il y a plus de deux mille cinq cents ans. Après cela, il a passé le reste de sa vie à enseigner, allant de lieu en lieu dans les campagnes de l'Inde et parlant à qui voulait l'écouter pour connaître sa pensée. Nous savons nombre de choses sur ses principaux disciples, car les moines qui se déplaçaient avec lui étaient souvent des gens instruits : ils ont consigné par écrit les faits concernant ces personnes exceptionnelles. De surcroît, des érudits suivaient également le Bouddha afin de l'écouter exposer ses idées, qu'ils prenaient en note ; eux aussi s'intéressaient à l'activité des grands disciples, qui suscitèrent de diverses manières beaucoup des enseignements majeurs du Bouddha. Il semble que ces disciples, ayant renoncé à la vie de ce monde, eurent essentiellement à cœur de découvrir la nature ultime de la réalité grâce à l'observance d'un strict code éthique et à la pratique continue de la méditation. Cependant, de nombreuses autres personnes écoutaient avec grand intérêt les enseignements du Bouddha : les gens ordinaires, des laïcs n'ayant pas l'intention de renoncer complètement à l'existence mondaine. Tout naturellement, le Bouddha a professé pour eux également, sur des sujets adaptés, donnant des enseignements applicables à leur travail quotidien et à leur situation familiale.

Les enseignements de l'éthique et de la méditation sont probablement les plus connus, mais le Bouddha ne s'est assurément pas limité à ces questions. A la vérité, en quarante-cinq années d'enseignement, le Bouddha s'est exprimé sur chaque chose de la vie. Tous ces propos rattachent immanquablement l'ordinaire à l'extraordinaire. Qu'on les trouve sous forme de sujets isolés ou d'ensembles thématiques complexes, ils sont si justes qu'ils n'entrent pas en contradiction. Les enseignements du Bouddha, dans leur entier, sont irréprochablement reliés entre eux en toute concordance.

Voilà qui est facile à dire certes, mais c'est autre chose de le prouver. En fait, de nombreux textes essentiels du bouddhisme portent sur le caractère d'interconnexion et de concordance des paroles du Bouddha ; ils se consacrent à la mise à l'épreuve et à la vérification de cette qualité. Ce type d'examen scrupuleusement minutieux a été recommandé par le Bouddha lui-même. C'est pourquoi les écrits fondamentaux, les soutras et les tantras, reflètent cet esprit d'investigation. Les versions tibétaines des textes forment une bibliothèque de base comportant environ trois cents volumes réunis en deux grands ensembles, le Kangyour et le Tèngyour. On compte en outre des milliers d'ouvrages de commentaires écrits au cours des siècles par de nombreux maîtres tibétains. Le tout constitue donc un vaste corpus de documents. L'approche traditionnelle consiste à étudier assidûment durant une vingtaine d'années, mais dans la plupart des cas ce n'est guère faisable ; même si les gens se sentent attirés par la philosophie, ils n'ont pas le temps ou bien leur intérêt n'est pas assez profond pour tant d'étude.

Heureusement, le Bouddha s'est exprimé de manière si limpide et si variée que l'on peut dégager les traits essentiels de son enseignement, même au travers d'une analyse relativement limitée, par exemple, l'étude d'un ou deux textes fondamentaux. Il existe notamment un ouvrage intitulé *les Dix Sciences*[1], qui est une version très structurée de ce qu'a énoncé le Bouddha sur la façon dont les activités mondaines sont en mesure de parfaire notre compréhension

1 Tib. *Rikpai né chou.*

et nous mener à la réalisation. L'étude de ces dix domaines de la connaissance peut prendre la forme d'un survol général ou d'une analyse minutieuse. Comme tous les enseignements du Bouddha, *les Dix Sciences* sont à la fois parfaitement simples et extrêmement complexes. Le Bouddha possède un style éveillé de communication qui nous permet de saisir des vérités fondamentales à partir d'angles différents. Bien sûr, cela dépend aussi beaucoup de l'ouverture d'esprit et de la capacité de compréhension de la personne, car sans ces facteurs, même vingt ans d'étude ne servent à rien.

Le point important ici, c'est que le Bouddha n'a pas seulement professé pour ses moines, qui avaient renoncé au monde afin de se consacrer à l'étude et à la pratique. Il a aussi enseigné de manière à rendre la vérité et la réalisation accessibles à ceux qui mènent une existence séculière, qui ont un métier, un conjoint, des enfants. Le Bouddha a considéré que, dans cette situation qui laisse peu de temps pour l'étude et la pratique, il restait, malgré tout, de grandes possibilités d'atteindre la réalisation par l'emploi de moyens même les plus profanes. La réalité relative est faite d'éléments profanes ; que nous choisissions une vie de renoncement ou une vie séculière, nous vivons tous dans un monde relatif.

L'éveil ne se limite pas à un quelconque domaine de l'activité, il inclut tout, n'exclut rien. Il est universel et absolu. L'éveil du Bouddha est simplement la réalisation de l'essence de tout ; lors de l'éveil, celui qui sera appelé le Sage des Shakya est devenu l'incarnation de cette réalisation. Lorsqu'il a enseigné, il l'a fait en parlant de façon ordinaire certes, mais il l'a également fait par transmission d'esprit à esprit – ce qui implique une dimension tout autre. Grâce à cette méthode, qui semble miraculeuse, il a donné ses enseignements ultimes. Ces enseignements extraordinaires ne sont pas déconnectés des enseignements ordinaires, parce que tous expriment l'essence de l'ensemble de ce que le Bouddha a professé, indépendamment de la forme, de la complexité, ou du développement de son discours : les principes restent les mêmes. Le Bouddha a enseigné que le monde relatif est le moyen d'atteindre l'esprit ultime.

La "vérité relative"[1] se réfère au mode d'apparition de quelque chose, à la manière dont cette chose apparaît. La "vérité ultime"[2], c'est ce qui est vraiment. Voilà présentée la signification essentielle des termes "relatif" et "ultime". Pour être plus précis, l'expression "vérité relative" définit toute manifestation que l'on peut nommer, comme les êtres qui se trouvent dans notre monde, les objets qui nous entourent et notre monde lui-même. Tous les êtres, leur environnement, les rapports qu'ils ont entre eux et avec cet environnement, ainsi que les systèmes ou les lois particulières qui régissent ces relations, tout cela fait partie de la vérité relative.

La vérité ultime est l'inséparabilité de l'essence de l'esprit et de sa manifestation. Le terme "esprit" est utilisé ici pour désigner la nature essentielle. Lorsque l'esprit déploie sa manifestation selon le mode superficiel, il s'agit de l'aspect relatif de l'esprit ultime ; c'est de cette manifestation superficielle de l'esprit que nous sommes principalement conscients quand nous vaquons à nos activités quotidiennes. Dans le monde relatif, l'essence de l'esprit est ultime et tout le reste est relatif. La nature essentielle va au-delà de la dualité, mais elle l'inclut aussi. La vérité, c'est qu'il n'y a rien que nous puissions dire qui ne soit vérité, car toute chose est ce qu'elle est ; chaque chose possède sa propre vérité d'existence. Des choses impropres côtoient des choses correctes, aucune ne pouvant être ce qu'elle n'est pas. Telle est la vérité relative. Une entière connaissance de l'esprit n'est possible que s'il y a éveil, aussi la discussion sur la nature de l'esprit pourra-t-elle paraître ridicule et ressembler à du charabia ; mais des procédés rhétoriques comme l'opposition et le raisonnement par l'absurde[3] donnent parfois accès à un

1 Syn. réalité relative.

2 Syn. vérité absolue ; réalité ultime ou absolue.

3 L'opposition et le raisonnement par l'absurde : respectivement, "antithèse" et "apagogie".

degré nouveau de compréhension. L'un des dix domaines de la connaissance, l'épistémologie[1] ou science de la vérité, est consacré à des débats de cet ordre.

Quand on parle de vérité relative et de vérité ultime, il s'agit d'un seul et unique sujet considéré sous deux angles. La vérité est, en fait, la même ; elle est juste perçue de deux façons différentes, à cause de l'exigence de précision. D'une certaine façon, ce peut être réconfortant de distinguer dans la vérité le relatif et l'ultime. Nous vivons dans un monde où ce qui est agréable nous emplit d'un sentiment de bien-être, tandis que ce qui est désagréable nous contrarie. Lorsqu'on nous fait des éloges, nous ressentons de la fierté. Si l'on nous insulte, nous nous sentons dépréciés. Une fraction de ce processus d'action et réaction se passe au grand jour, de telle sorte que nous pouvons voir d'où proviennent ces phénomènes, mais la majeure partie advient sous la surface et nous sommes atteints par ce que nous ne percevons pas directement. Dans ce monde relatif, les choses sont réactives, incertaines, précaires, et présentent beaucoup de hauts et de bas ; si la vérité se limitait à cela, le cas serait désespéré. Heureusement il y a une réalité ultime, qui donne de la stabilité et du sens au monde relatif. L'ultime n'est ni plus ni moins que l'autre face du relatif. Tout comme une pièce de monnaie, la vérité possède deux côtés, le relatif et l'ultime.

Quand on vous félicite de votre travail, cela vous fait plaisir ; mais, au fond de vous-même, un compliment ne change rien. Si quelqu'un cherche à vous blesser, bien sûr cela fait mal. Cependant, il y a quelque chose en profondeur qui ne peut être meurtri, y compris par la pire des tortures physiques, et qui est situé au-delà de votre caractère relatif : c'est l'esprit ultime. Lorsque l'on réfléchit sur soi-même, sur le monde, sur les autres… considérer les choses avec une connaissance du relatif et de l'ultime s'avère utile.

1 Au sens moderne du terme : l'étude de la connaissance elle-même et de sa validité.

Sur le plan relatif, nous fonctionnons au niveau physique, au niveau des affects, au niveau mental. Nous avons du désir-attachement, de la colère-aversion, de l'ignorance, de la jalousie et de l'orgueil : ces affects[1] sont autant d'états de l'esprit autour desquels, semble-t-il, gravite notre univers entier. Parfois, l'un d'eux prend le dessus et si nous le laissons complètement nous submerger, nous pouvons y perdre notre équilibre psychique. Ce sont de véritables états de l'esprit certes, cependant ils possèdent des limites, ils sont changeants, et leur vérité n'est valide qu'au sens relatif : au moment même où se manifeste cette vérité, existe également l'autre côté, tout aussi vrai, celui où ultimement chacun de nous est bouddha. Nous avons le potentiel d'exprimer l'éveil au sein de notre monde relatif. Le prince Siddhartha n'était rien de plus qu'un être humain, mais en cette qualité, il est parvenu à s'éveiller à son potentiel intérieur et à devenir bouddha. Que notre esprit soit plus ou moins confus, plongé dans l'erreur, ne change rien au fait que la vérité est vérité. Il est possible de vivre dans une réalité duelle, variable, et en même temps, d'être éveillé : il y a le monde relatif, et il y a l'esprit ultime.

La connaissance relève naturellement de deux catégories, la connaissance ordinaire et la connaissance extraordinaire. Les cinq domaines ordinaires du savoir, les "cinq sciences et arts ordinaires", sont : la lexicologie, la sémantique, la poésie, les arts du spectacle, l'astrologie. Quant aux "cinq sciences et arts extraordinaires", ce sont : la grammaire, les arts et métiers[2], la médecine, l'épistémologie

1 Tib. *nyeunmong*, sct. *klesha* (généralement traduit par : perturbation interne, émotion perturbatrice, négative ou obscurcissante). La notion occidentale d' "affect" recouvre un bon nombre des états listés par le bouddhisme, mais elle peut aussi inclure des états positifs, tandis qu'ici, on considère seulement les états nuisibles ; il faut donc retenir le terme au sens négatif. Une définition occidentale simple les décrit comme un éventail d'états en relation avec les pôles du plaisant et du déplaisant, autour d'une tonalité neutre. Le bouddhisme présente ces principaux états en une liste de cinq affects ou poisons (sct. *pancha kleshavisha*), ou de six affects-racines (sct. *shad mulaklesha*), tous surgissant de trois affects de base, les trois poisons (sct. *trivisha*) : désir-attachement, colère-aversion, aveuglement.

2 "Arts et métiers", une appellation au sens large, qui inclut les beaux-arts ou arts plastiques, l'artisanat, les métiers, etc.

ou science de la vérité, la vérité intérieure ou sens intérieur[1]. Ces différents champs ordinaires et extraordinaires du savoir sont interconnectés, chacun d'eux menant d'une façon qui lui est propre à l'aspect le plus extraordinaire : la vérité intérieure.

Il est important, pour commencer, de saisir les raisons d'étudier ces disciplines. En toute chose est une profondeur qui s'explore au travers de l'expérience ; celle-ci fait naître la connaissance, qui va se manifester progressivement comme sagesse. La différence entre connaissance et sagesse est ce qui distingue une compréhension intellectuelle (conceptuelle) d'une compréhension profonde acquise grâce à une véritable intégration et réalisation de ce qui est connu. Dès lors que l'on pénètre le sens de quelque chose au-delà des concepts qui lui sont associés, cette compréhension ne sera pas partiale, car elle sera fondée sur une vue réaliste, équilibrée, et l'on ne tombera dans aucun extrême.

Au cours de l'histoire de l'humanité, d'innombrables personnes ont généré la connaissance à laquelle chacun peut avoir accès aujourd'hui. L'étude consciencieuse et approfondie de ces savoirs débouche sur la possibilité d'explorer les relations existant au sein de l'univers et d'atteindre la réalisation. La sagesse qui naît de la connaissance n'est pas quelque chose que l'on peut forcer. Elle doit émerger naturellement grâce à l'étude, la mise en pratique et la méditation. Heureusement pour nous tous, nos prédécesseurs ont contribué aux savoirs qui nous aident aujourd'hui à comprendre la réalité et à nous relier à elle ; et ceci, en fin de compte, concourt à l'épanouissement de notre sagesse.

Les bases de la connaissance se trouvent en nous-même, en notre corps, en notre esprit. Vous tournez les pages de ce livre avec les doigts, néanmoins vous les comprenez avec votre esprit. Lorsqu'à la mort l'esprit le quitte, le corps tombe en pourriture, mais l'esprit perdure. Tant qu'il habite un organisme, l'esprit utilise les aptitudes

1 La science bouddhiste de l'esprit.

propres à celui-ci en matière d'expérience et d'expressivité. Un des principaux modes de communication est le son : quand ils fonctionnent en synergie, le corps et l'esprit produisent ce moyen d'expression unique, la parole. Un être humain est donc, à la fois, corps, parole, et esprit. Ces trois principes traversent toute existence. On pourrait les nommer *les trois essences* ou *trois pouvoirs* de l'univers : le pouvoir matériel, le pouvoir du son (c'est-à-dire de l'expression) et le pouvoir de l'esprit. De leur interconnexion découle, dans la dimension humaine, le type de connaissance qui s'illustre avec le langage.

Sur le plan physique, l'univers est très semblable à notre propre corps. De fait, quand ce dernier périt, il retourne aux éléments de base de l'univers : la terre, l'eau, l'air et le feu. Chaque fois qu'un organisme périt, il retourne à ses origines. Le verbe de l'univers est issu du mouvement – les ondes donnant naissance au son, comme c'est le cas lorsque souffle le vent, lorsque chute l'eau de la cascade, lorsque brûle le feu. Quant à l'esprit de l'univers, il fonctionne de concert avec le corps universel et le verbe universel ; nous pouvons trouver l'esprit de l'univers en nous-mêmes.

Les dix sciences traitent de cette interconnexion du corps, de la parole et de l'esprit, simultanément au niveau microcosmique et au niveau macrocosmique, en rapport avec nous-mêmes et avec le vaste univers. Ces correspondances sont mises en relief par chacune des sciences, car il est fondamental, pour pouvoir marier le monde relatif et l'esprit ultime, de comprendre les trois principes à la fois individuellement et dans leurs relations. Par le développement de la conscience du corps, de la parole et de l'esprit, on devient capable de faire la véritable expérience de l'univers et d'en utiliser les pouvoirs… tout d'abord un petit peu, puis finalement au degré le plus profond. Tel est le but ultime de la vie.

Première partie

L'ATTITUDE ATTENTIVE

- 1 -

L'EXERCICE DE LA CRÉATIVITÉ

De magnifiques images vont naître.

Parmi les dix domaines de la connaissance, deux sont directement bénéfiques à notre prochain : les arts et métiers (le champ de la créativité), et la médecine. Ces disciplines impliquent l'attitude attentive qui prend soin d'autrui. En premier lieu viennent les arts et métiers, parce qu'on y apprend une dextérité applicable dans les autres disciplines.

Dans le champ de la créativité, on développe l'art de produire quelque chose. Cette activité est une aide aux autres car elle a trait à une création harmonieuse, qu'il s'agisse d'un objet matériel ou d'une interaction créative mettant en jeu des objets, des idées ou des êtres. Notre créativité est bénéfique à autrui et celle d'autrui nous apporte beaucoup dans notre propre vie : qu'elle nous inspire, comme le fait une peinture ; qu'elle agrémente notre routine quotidienne, comme le fait une théière ; ou encore, qu'elle nous aide à apprendre plus aisément, comme le fait un professeur talentueux lorsqu'il transmet le savoir.

La forme parfaite est une parfaite création ; quant à la perfection elle-même, elle présente des degrés. La perfection ultime est l'expression la plus aboutie de l'univers. Etudier les arts et métiers vise deux objectifs : l'apprentissage d'une expressivité créatrice qui n'est autre que la manifestation de notre vision intuitive, et l'imitation du vaste monde, réalisée à l'échelle de notre personnalité par l'application des lois universelles. L'assiduité dans l'étude et dans la mise en pratique permettra à l'étudiant de parachever toute création qu'il entreprendra. Le fondement de art ainsi compris est une véritable compréhension de l'harmonie et de l'équilibre. Sa motivation est de produire quelque chose d'utile, qui soit porteur de sens.

Regardez attentivement un corps humain. Si vous constatez que le visage, la silhouette, la taille, les proportions, sont équilibrés, si vous observez qu'il n'y a ni trop ni trop peu de quoi que ce soit, cela indique qu'une cause dotée d'équilibre s'est manifestée en cette personne. Des causes et des conditions spécifiques ont amené un certain degré d'harmonie et produit quelqu'un d'agréable à voir. Quand vous contemplez un beau spectacle de la nature, tel le paysage vivement coloré d'un lieu au climat tempéré où pousse et fleurit toute sorte de végétation, vous pouvez constater que cela révèle également une cause pleinement équilibrée. Le mont Kaïlash et le lac Manasarovar offrent l'exemple d'un environnement doté d'un parfait équilibre. La perfection qui préside à l'agencement du site est la raison pour laquelle, depuis des milliers d'années, hindous et bouddhistes l'ont considéré comme un lieu de pouvoir et un lieu sacré.

Une situation qui possède un caractère naturel d'ordre reflète un ensemble de conditions harmonieuses. Cette règle est vraie à tous les niveaux de la création artistique, quel que soit le type de discipline. Faire des études exerçant la créativité, apprendre à créer effectivement quelque chose, cela signifie savoir où appliquer les règles d'équilibre et comment donner cet équilibre conformément aux lois naturelles de l'univers.

Une connaissance de ces principes est essentielle pour créer toute chose.

Lorsque vous réalisez un objet en poterie, vous vous servez des éléments : de la terre glaise pour fabriquer le pot ; de l'eau pour humidifier la terre afin de pouvoir donner une forme au pot ; de l'air (ou vent), qui correspond au mouvement ; de l'espace, au sein duquel effectuer le travail ; et enfin, du feu qui conférera une certaine pérennité à l'objet. Vous devez savoir comment agir de concert avec tous ces éléments et connaître leurs relations, leurs interactions. Alors, vous pourrez créer quelque chose, selon votre savoir et votre savoir-faire. Si votre compréhension est complète, ce que vous produirez sera un chef-d'œuvre dont tous les éléments seront équilibrés de manière adéquate. La fonction de l'objet est un facteur important à considérer pour parvenir à l'équilibre voulu. Si vous faisiez un pot parfait mais que vous ne le cuisiez pas, son utilité serait limitée ; un récipient destiné à contenir de l'eau doit passer au four, sinon il se désagrégera. Il faut donc un équilibre des éléments, si l'on veut que la fonction visée devienne effective.

L'objectif et l'attitude intérieure du créateur organisent l'activité créatrice. L'artiste peintre, par exemple, peut exercer son art de façon planifiée en ayant, avant de commencer son tableau, une idée claire du visage qu'il désire représenter ; ou bien il peut peindre d'une manière impromptue, souhaitant rester spontané et voir ce qui en surgira. Son intention et son approche vont présider à l'agencement de l'endroit qui convient le mieux à son travail. Il disposera selon un certain équilibre, déterminé par la motivation qui sous-tend l'ouvrage, tout ce dont il va avoir besoin : la toile ou quelque autre support à son goût, les pinceaux, la peinture, etc. Que l'artiste ait à l'esprit un projet précis ou bien l'exercice de la créativité spontanée, il sait exactement ce qu'il veut et accomplit son travail en donnant à chaque chose un équilibre qui est fonction du but fixé. S'il réussit, il produira lui aussi un chef-d'œuvre.

Les arts plastiques impliquent un rapport très spécial aux matériaux et à l'instant créatif. Si vous décidez de faire une calligraphie ou une peinture, en premier lieu, vous rassemblez tout votre matériel. Ensuite vous méditez afin de rendre l'esprit calme et limpide. Après quoi, vous voyez ce que vous voulez créer… puis vous le créez. Parfois, c'est juste un coup de pinceau sur le support, une simple projection sur l'espace offert par la feuille de papier ou la toile. D'autres fois, c'est plus élaboré. Il arrive qu'au cours de l'acte créatif un changement se produise ou bien que le résultat soit exactement ce que vous aviez prévu. Ou encore, vous êtes juste dans l'acte, un point c'est tout, et vous observez ce qui advient : c'est l'expression, la signature, l'empreinte singulière de ce moment-là.

Les dispositions créatives individuelles correspondent à un don issu de nombreuses vies passées, de l'enfance, de l'instinct et de l'étude. C'est un talent qui se travaille. Les personnes exceptionnelles dans les disciplines de la créativité sont celles qui ont cultivé leur matière de prédilection pendant des vies. Pour ce faire, plusieurs choses sont nécessaires. Tout d'abord, il faut être attiré par la discipline artistique en question, ensuite il faut la comprendre. Lorsqu'on a acquis cette compréhension, et même dès l'apprentissage, il faut se dédier pleinement à son art. S'impliquer de la sorte doit provenir du désir ardent de s'adonner à son activité : on jouit du bonheur qui surgit de l'acte créatif, on a soif d'accomplir quelque chose qui ait du sens. Le faire juste pour l'argent n'est pas la meilleure motivation.

Il est nécessaire également de maîtriser les techniques en jeu. A cet égard, les uns font preuve de dextérité naturelle tandis que d'autres s'en remettent strictement à la méthode apprise et deviennent techniquement excellents. Les artistes réellement grands combinent l'habileté technique avec l'inspiration et le talent innés – ce don très spécial qui est le fruit de plusieurs vies d'entraînement. Quand on exerce ainsi sa créativité, les points majeurs sont l'aspiration et l'implication personnelles. Si un artiste doué développe la vision supérieure, la clarté et la stabilité de l'esprit, alors les œuvres d'art qu'il produira auront une grande présence et un effet certain sur ceux qui les contempleront. Si son talent égale sa réalisation, ses œuvres seront très bénéfiques. Les représentations possédant une parfaite symétrie (reflet, dans le monde relatif, de l'esprit ultime) peuvent être une grande source d'inspiration et orienter les personnes réceptives vers des styles particuliers de réalisation. Ceux qui aiment l'art et vont dans les musées font parfois l'expérience de cet effet ; une peinture donnée, ou un autre type d'œuvre, induira chez eux une nouvelle manière de voir ou de ressentir les choses. Il se peut qu'ils retournent encore et encore contempler ce tableau, parce qu'une influence bénéfique émane de l'œuvre elle-même. C'est le pouvoir d'un chef-d'œuvre.

La créativité ne se limite pas aux beaux-arts et aux métiers d'art. Des inventeurs et des chercheurs, auteurs d'importantes découvertes, ont eux aussi exercé leur veine créatrice. Au lieu de s'orienter vers la peinture par exemple, leurs aptitudes créatives se sont concentrées sur les moyens d'améliorer un fonctionnement, de soigner la maladie, ou encore, comme chez Einstein, sur la recherche d'une explication de ce que sont les choses par les mathématiques et la physique. Ce genre de créativité a souvent pour fruit des méthodes qui synthétisent des sujets extrêmement vastes en des formes rendant compte du tout et cependant simples. Le plus important, c'est que ces découvertes et ces progrès peuvent considérablement améliorer les conditions de vie dans notre monde et contribuer au bien-être de tous. Cela concerne parfois les besoins essentiels, comme la nourriture et la boisson ; cette créativité peut également produire des appareils ménagers et d'autres machines qui font économiser du temps, comme l'ordinateur individuel.

Il y a six cents ans, vécut au Pays des Neiges un homme doté de ce type de génie créatif, qui s'appelait Thangtong Gyelpo et qui eut l'idée de construire des ponts métalliques. Le Tibet est un pays montagneux regorgeant de fleuves et de rivières. Les gens avaient bien essayé diverses façons de faire des ponts, mais ceux-ci restaient dangereux car leurs matériaux pourrissaient. Thangtong Gyelpo se mit à en fabriquer avec des chaînes de fer. Certains des nombreux ouvrages d'art qu'il a construits au Tibet et dans les royaumes voisins sont toujours en usage ; c'est le cas de celui qui se trouve près de Dartsédo (chin. *Kangding*), ville située dans l'actuelle province du Sichuan. Sa créativité a fait de Thangtong Gyelpo l'un des grands innovateurs de son temps.

Nous sommes aujourd'hui témoins d'inventions que l'on n'aurait autrefois pas même imaginées – sauf des penseurs exceptionnels. La télévision est un exemple moderne d'un résultat de la créativité doté des facteurs d'équilibre. Tous les éléments, les outils et les techniques dont on dispose ont été employés et combinés de telle sorte que l'image et le son puissent être transmis et reçus, sans fil ni autre moyen visible de connexion entre l'émetteur et le récepteur. La télévision est un chef-d'œuvre de la technologie.

Une gestion responsable de l'environnement implique la créativité, laquelle fait intervenir la maîtrise du secret de l'univers. En effet, si l'on veut sauvegarder la formidable beauté et la parfaite harmonie de notre monde, il est indispensable de nous relier à lui de manière équilibrée. Les méthodes à mettre en œuvre pour diriger une usine sont exactement les mêmes que celles qui préservent le bon état de notre planète. La production de masse, dans laquelle chacun fait un travail spécialisé en vue de l'obtention d'un produit fini particulier, doit appliquer le principe d'équilibre à la technologie et à l'organisation du travail. C'est tout aussi vrai pour une usine d'automobiles, où travaillent des centaines de personnes, que pour une petite fabrique artisanale.

L'une des plus anciennes formes de créativité, et certainement indémodable, est l'art d'élever les enfants. Etre une excellente mère n'est pas un hasard. C'est un savoir-faire et un don à cultiver. Une mère ne se contente pas de donner le jour à un enfant, elle l'aide à mûrir, au niveau de la parole et de l'esprit comme au niveau du corps. Du point de vue bouddhiste, c'est élever et éduquer l'enfant qui apparaît créatif, plutôt que la procréation biologique ; celle-ci est un processus instinctif, commun à tous les êtres, qui ne demande pas de talent particulier. Il y a tout lieu de penser qu'une mère adroite, dotée de bonté et de sagesse, et sachant garder une attitude équilibrée, guidera l'enfant afin qu'il devienne bien adapté, capable à son tour d'utiliser ses propres talents d'une façon équilibrée. Et, de même que l'enfant mûrit grâce à l'aide de sa mère, la mère évolue grâce à l'enfant. Depuis qu'il y a des humains sur Terre, la maternité existe ; cela ne veut pas dire que ce principe ne se manifeste pas sous d'autres formes et en d'autres lieux, mais en ce qui nous concerne, le cas le plus pertinent reste le nôtre. L'histoire montre que, lorsque la capacité créative de la mère rencontre celle de l'enfant, c'est un enfant "parfait", très équilibré, qui se développera au travers de cette interaction harmonieuse. Bien sûr, l'éducation fait également intervenir le père, la famille, les amis, les professeurs, etc. Tous ont d'excellentes occasions d'exprimer leur créativité lorsqu'ils exercent leur influence et offrent leur aide pour que l'enfant devienne adulte.

En définitive, quand un créateur suit les lois naturelles régissant ses matériaux et les assujettit à son objectif (qu'il a bien présent à l'esprit), tout peut s'exprimer : la vision ou le ressenti d'une peinture, la formulation claire d'un principe mathématique ou encore la configuration d'un environnement – d'une maison par exemple. Quelle que soit sa forme, la créativité résulte d'une projection, celle de la clarté de l'objectif. Cette projection est effectuée par le créateur grâce à ses compétences bien équilibrées qu'il exerce sur les éléments utilisés.

On maîtrisera le principe universel de la créativité en apprenant comment produire une œuvre harmonieuse, car les lois régissant les processus de création sont les mêmes sur une vaste échelle qu'au niveau de nos modestes efforts. Tout acte créateur est, à sa manière propre et originale, similaire à la création d'un univers entier. Cela signifie que l'on peut progresser dans la maîtrise de notre discipline jusqu'à dépasser toute limitation à la créativité et réaliser la vérité. Telle est la première méthode ayant recours au monde relatif pour atteindre l'esprit ultime. Dans le champ des sciences et de la technologie, le rêve du scientifique ou de l'inventeur est de découvrir le secret de l'univers afin de l'utiliser, et de savoir pourquoi les choses se produisent comme elles le font. La maîtrise de la créativité nous amène à réaliser que le secret de l'ensemble se trouve dans chaque infime chose. Cette maîtrise et la vérité qu'elle révèle sont la vocation ultime de la créativité.

- 2 -

L'ART DE SOIGNER LE CORPS

L'équilibre des éléments
a pour fruit la bonne santé.

[illegible]

[illegible]

[illegible]

Une création est parfaite quand elle est achevée. A la manifestation d'une forme parfaite succède immédiatement la nécessité d'une continuité. En effet, si l'harmonie n'est pas maintenue, la détérioration commence. Aussi le second type de connaissance est-il l'art de soigner, qui a trait à l'équilibre harmonieux sous l'aspect particulier du soin de la santé d'autrui. On pourrait également le nommer "l'art de corriger" ou de "réparer", car il s'agit bien d'un réglage et d'un réajustement minutieux fondés sur un savoir-faire, celui du maintien d'un état de santé parfait : le thérapeute veut prévenir les détériorations. Ce sont là les principes de base des études médicales.

Il n'est pas nécessaire d'être médecin pour retirer un bénéfice de la connaissance médicale tibétaine. Elle fait partie du curriculum des études supérieures tibétaines et ce, que l'étudiant se destine ou non à la profession, car elle s'intègre à chacune des autres branches du savoir. Une façon simple d'aborder la médecine tibétaine est de la voir comme quelque chose qui communique avec l'affection plutôt que comme quelque chose qui la combat. Elle fait la paix avec la maladie. La maladie est présente ; vous la respectez, puis vous faites ce qu'il faut pour la comprendre. Une fois que vous l'avez comprise, vous donnez le médicament adapté, celui qui va remettre les choses en ordre. Nos organes, qui sont malades, le système, qui est malade, ne sont pas nos ennemis. L'organisme n'est plus en harmonie avec lui-même, voilà tout, et c'est pourquoi nous faisons l'expérience de la maladie. L'objectif de la médecine est de communiquer avec le corps en le respectant et de faire le nécessaire pour rétablir son équilibre.

Nombreuses sont les personnes pour qui la maladie est quelque chose de surajouté : "Une grosse araignée venimeuse s'est développée dans mon rein ; je dois m'en débarrasser, sinon elle va tout ronger et finalement me tuer." Ils font de leur mieux pour la mettre sous sédatif, la leurrer, la mutiler, la détruire, l'extirper et la jeter aux ordures. Du point de vue bouddhiste, cette conception de la maladie n'est pas fondée. Il est utile d'acquérir certaines notions de médecine tibétaine, parce que nous pouvons y gagner une bonne compréhension de ce qu'est la maladie, de ce qu'est la médecine, de ce que signifient soigner et guérir. Nous n'utilisons pas les médicaments en vue de cacher un état physique donné, en retirant quelque chose pour nous en débarrasser ; ce n'est pas un traitement médical. Traitée de la sorte, une affection est semblable à un géant endormi, elle peut se réveiller à tout moment et faire des dégâts.

Un état de santé parfait résulte de l'équilibrage constant des éléments. Au sens relatif, toute chose possède sa propre durée limite, le laps de temps au-delà duquel elle ne fonctionnera plus. Quoiqu'une telle durée limite ne soit pas pertinente du point de vue ultime, du point de vue relatif elle est valide et, dans une certaine mesure, normale. La limitation se produit quand nous rencontrons une situation d'où est absente la condition favorable, tandis que surgit, en qualité de résultat, une condition destructive : cela aura une incidence sur la durée d'existence d'une manifestation donnée, qu'il s'agisse d'un objet ou d'une forme de vie. Un organisme humain a la capacité de fonctionner environ cent ans, mais il peut aussi être détruit en un instant ; cela dépend des circonstances. Lorsque, faute de condition parfaite, survient une condition imparfaite, un processus de détérioration s'enclenche qui prend la forme de la maladie ou même de la mort. Soigner et guérir concernent d'une part l'évitement des conditions préjudiciables dont on vient de parler et d'autre part le maintien ou la création des conditions les plus propices ; telle est l'approche de la médecine tibétaine.

Au sein d'une existence équilibrée, il existe un processus naturel continu de guérison, non seulement physique, mais psychique également. On traite les disharmonies physiques en créant de l'harmonie. On prescrit les médicaments (et autres types de traitements) qui ont un rapport direct avec les éléments constitutifs du corps : le feu, l'eau, l'air (ou vent), la terre et l'espace. Selon la médecine tibétaine bouddhique, toute chose du milieu physique externe peut avoir un effet sur ce qui se passe dans le milieu physique interne. Toute substance issue de notre planète peut avoir une incidence sur tout constituant de notre organisme : un effet inducteur de bien-être ou, au contraire, de maladie. Ce qui rend possible l'utilisation thérapeutique des plantes, des minéraux et des autres substances, c'est justement la correspondance qui existe entre notre organisme et le monde extérieur. La définition bouddhiste de la médecine, de la technique médicale, c'est le remplacement de ce qui fait défaut dans notre organisme par une substance similaire présente dans l'univers extérieur ; lorsqu'on fait entrer dans l'organisme la substance nécessaire, le déséquilibre est compensé et les conditions remplies. L'excès, de même, est cause de maladie, et pour guérir les affections de ce type, on doit l'éliminer; il existe plusieurs manières d'atteindre ce but, mais ici aussi la méthode la plus douce est de choisir une substance qui, en réduisant l'excès, réajustera l'équilibre.

Les textes médicaux tibétains sont nombreux. Le moins long, le *Tantra-racine*, présente les notions de base sur la santé et les principes fondamentaux de la médecine, en neuf mille quatre cents versets (des quatrains) répartis en cent vingt chapitres. On tient la médecine tibétaine pour une connaissance qui n'a pas été inventée par des êtres ordinaires, mais révélée par des êtres éveillés; cette science a été établie par le Bouddha Médecin. La tradition rapporte que l'être de l'éveil Douce Gloire fit au Bouddha Shakyamouni la requête de l'enseignement sur la médecine et que celui-ci énonça alors les soutras du Bouddha Médecin. On recense plusieurs transmissions de l'enseignement, la première provenant de Shantarakshita et la dernière, d'Atisha. Il existe également une méditation du Bouddha Médecin avec sa visualisation, dont l'objectif est de purifier les causes et les conditions des affections physiques et psychiques. La maladie découle de l'illusion créée par le désir-attachement, la colère-aversion, l'ignorance, la jalousie et l'orgueil, car ces affects poussent les individus à accomplir des actes ayant pour résultat des causes et des conditions négatives, du *karma* négatif. Au niveau secret de l'enseignement, on relie les affections qui touchent le corps aux souffrances des six classes d'êtres[1]. Par exemple,

1 Les six classes (catégories) d'êtres du cycle des existences. Ce sont, dans les trois états supérieurs d'existence: les dieux, les demi-dieux et les humains; et, dans les trois états inférieurs d'existence: les animaux, les esprits avides et les êtres des enfers. Le bouddhisme considère la naissance humaine comme la plus favorable, car, en raison de la grande malléabilité de la conscience humaine, les chances y sont optimales de parvenir à se libérer de la souffrance et de l'asservissement du cycle des existences.

une maladie telle que le cancer est liée au monde des esprits avides ; une maladie présentant des détériorations des facultés de mémorisation et de compréhension est liée au monde des animaux.

Le corpus des textes médicaux (nommé : *les Quatre Tantras*) regroupe les quatre principaux recueils de l'enseignement : *le Tantra-racine*, *le Tantra explicatif*, *le Tantra des (profondes) instructions particulières* et *le Tantra de conclusion*. *Le Tantra-racine* aborde l'étiologie, la symptomatologie, le diagnostic et les méthodes thérapeutiques. Il passe en revue l'anatomie, qui est illustrée de schémas du squelette, des muscles, des nerfs et des organes. Il énumère les différentes sortes de remèdes avec leurs caractéristiques et leurs emplois, les différentes sortes d'affections et les différentes sortes de traitements. Ces derniers font intervenir non seulement les médicaments, mais aussi le facteur climatique, le mode de vie et le comportement quotidien, ainsi que l'alimentation.

Le Tantra explicatif se penche sur la théorie médicale en présentant de manière approfondie les maladies, leurs causes, leurs processus et leurs traitements. Il expose en détail l'embryologie et l'anatomie ; les causes, les conditions et les caractéristiques des maladies ; les signes annonciateurs de la mort et les signes de la mort ; et, enfin, les comportements quotidiens et saisonniers propres à maintenir une bonne santé. Tandis que *le Tantra-racine* présente les grandes lignes de la connaissance de base indispensable à tout médecin, le second *Tantra* complète cette trame par un savoir important qui permet à l'étudiant de développer une meilleure compréhension. Une fois *le Tantra explicatif* parfaitement assimilé, *le Tantra-racine* prend tout son sens : il devient alors un aide-mémoire de ce que l'on a étudié de façon plus approfondie.

Le troisième *Tantra*, quant à lui, porte sur les huit spécialités : pathologie des organes internes, pédiatrie, gynécologie-obstétrique, andrologie, maladies causées par des esprits malins (de type physique ou psychique), toxicologie et traumatologie (chocs, coupures, séquelles...), gériatrie, maladies du système nerveux.

Enfin, le quatrième *Tantra* présente le faîte des connaissances médicales et traite de la philosophie qui les sous-tend, une philosophie qui renvoie à la vacuité. Un médecin doit nécessairement connaître le premier *Tantra* pour arriver à se débrouiller ; mais toute personne sérieuse voudra acquérir les connaissances approfondies du second, la spécialisation du troisième et – si tant est que ce médecin désire pratiquer la médecine comme elle devrait l'être, comme style de vie – la philosophie du quatrième. Ces textes sont les ouvrages de référence constamment utilisés par les praticiens.

La première chose que l'on doit bien saisir en médecine tibétaine, c'est le classement des facteurs cruciaux en trois catégories : le(s) souffle(s) [1], la bile et le flegme. Ce sont les trois constituants de notre organisme. “Souffle”, “bile” et “flegme” ne désignent pas simplement des substances, leur signification en médecine tibétaine est bien plus vaste. Ces termes font référence à des principes subtils, les humeurs. Le souffle est léger, constamment en mouvement, tel un messager. La nature “aérienne” de l'organisme peut transporter une information depuis la tête jusqu'aux orteils, le souffle ayant la capacité de transmettre et de répandre. Quand l'une des trois humeurs,

1 Syn. air, vent, pneuma.

mais tout particulièrement le souffle, n'est pas ou plus en équilibre, elle peut provoquer un déséquilibre du système en son entier. Considérons la bile. Sa propriété est la chaleur, elle est comme le feu. Lorsqu'elle présente un déséquilibre par excès, cela occasionne des affections de nature "chaude" : la fièvre, l'inflammation, ou une déshydratation (préjudiciable, car l'eau est nécessaire pour manger et digérer, pour permettre aux yeux de se mouvoir, etc.). Quant au flegme, sa nature est le froid. Il joue son rôle dans la régulation de la chaleur corporelle; il fonctionne de pair avec le souffle et la chaleur, tout à fait à l'image d'un dispositif hydraulique et d'un ventilateur refroidissant un moteur. Quand le flegme est en déséquilibre par excès, il y aura trop de froid dans l'organisme, ce qui provoquera l'apparition de symptômes comme des vomissements, des douleurs à divers endroits du corps ou des enflures. Les trois humeurs sont la source de la vie, mais s'il survient un déséquilibre et s'il y a combinaison avec des habitudes et un mode de vie nocifs, elles deviennent aussi la source de la maladie.

Des circonstances telles que votre type d'alimentation, le lieu où vous vivez, vos activités, tout ceci a une incidence sur vous et peut induire un déséquilibre des souffles, de la bile ou du flegme. Par exemple, une alimentation trop riche en nourriture grasse provoque une augmentation de la bile; un excès de nourriture riche et lourde à digérer produit du flegme; les souffles, pour leur part, sont accrus par l'alcool, le café, le thé fort et le tabac. Les conditions atmosphériques de temps très chaud produisent plus de bile. Inversement, un climat très froid produit du mucus (c'est-à-dire du flegme). Des endroits à l'atmosphère bruyante, stressante, et des circonstances qui vous mettent sous pression provoquent un déséquilibre des souffles. La maladie survient lorsqu'une des trois humeurs est en excès, lorsqu'une des trois est carencée, ou bien lorsque deux ou toutes trois s'entremêlent en perdant leur coordination (double ou triple désordre).

Un excès des souffles peut occasionner des vertiges, le mal des transports, ou encore se manifester par des symptômes tels que l'insomnie. La personne devient si sensible qu'elle ne trouve plus le sommeil. Si le déséquilibre s'aggrave, des hallucinations peuvent survenir : la personne voit ou entend des choses ; des objets lui apparaissent flous ; elle perçoit comme réels des couleurs, des formes et des sons imaginaires, ou bien ceux qui sont réels paraissent plus intenses. Il est possible aussi que l'organisme devienne très faible et semble léger, donnant l'impression de flotter. Les symptômes d'un tel déséquilibre des souffles sont similaires aux expériences rapportées par des gens qui prennent des drogues ; il semble bien que certaines substances toxiques psychoactives induisent un déséquilibre des souffles, ce qui provoque des hallucinations. Le cas inverse est la carence des souffles, qui fait décroître la clarté d'esprit, entraînant une incapacité à réfléchir et à se concentrer. On aura l'impression de devoir fournir de grands efforts pour des choses minimes. Le patient présentera éventuellement une tension basse, une peau rêche, une perte de cheveux, des stries anormales sur les ongles ; il sera enclin à manger et à boire chaud, à consommer de l'alcool, à fumer, à consommer beaucoup de café ou à prendre des substances psychoactives. Sur le plan psychologique, un déséquilibre des souffles rend brusque et agressif : la personne criera et aura mauvais caractère. Lorsque la nature vive du souffle ressort ainsi, cela trahit le déséquilibre.

Quand il y a une bile très importante, le patient a "trop de chaleur", ce qui se manifeste sous forme de fièvre, de soif, de diarrhée, de vomissements de fluides amers, etc. L'urine devient jaune sombre ou orangée. Les yeux, ou même la peau et les ongles, peuvent prendre une coloration jaune. A l'inverse, une insuffisance de la bile aura pour effet une diminution de la chaleur corporelle, de telle sorte qu'on aura le teint pâle, l'air éteint. La propriété de la bile étant la chaleur, elle procure sa chaleur au corps et participe à une bonne digestion ; un déséquilibre par carence occasionnera donc également des troubles digestifs. Dans le cas de l'excès, on observera des douleurs et des maux de tête aigus, voire insupportables, tout particulièrement liés aux yeux. Le patient présentera éventuellement une odeur inhabituelle du corps, de la bouche ou de l'urine, et parfois une obstruction des pores causant l'apparition de furoncles ou autres éruptions cutanées.

Lorsque le flegme est en excès, la température du corps décroît, ce qui rend la digestion difficile. On se sent lourd, incapable de se mouvoir aisément, ou paresseux et enclin à trop dormir. Un symptôme courant est l'excès de mucus, comme dans un gros rhume. Inversement, une carence du flegme induit une perte de poids indépendante de la quantité de nourriture ingérée, de la faiblesse articulaire et l'incapacité de se mouvoir correctement. Les articulations peuvent émettre des craquements. En fait, le flegme est le principe inverse de la bile : froid, il ralentit les choses. Dans ce type de désordre, les médicaments n'agiront pas aussi vite que dans les affections dues aux deux autres humeurs. Les problèmes d'excès de flegme sont épineux parce qu'ils se manifestent rarement par des douleurs et parce que, de surcroît, la personne ne développera pratiquement pas d'autre maladie ; cette affection peut donc envahir insidieusement l'organisme, sans les douleurs révélatrices que présentent les autres types de déséquilibres. Un désordre du flegme empêchera l'apparition d'autres maladies, mais provoquera entre autres des problèmes du système respiratoire ; l'asthme et la bronchite sont deux exemples caractéristiques de maladies chroniques du flegme. A partir des déséquilibres de base (excès, carence ou mélange anarchique des souffles, de la bile et du flegme), le dysfonctionnement des trois humeurs donne une classification en trois cent soixante maladies principales, qui peuvent elles-mêmes se développer en des milliers d'autres.

Certains traités sont des commentaires portant sur les textes médicaux fondamentaux. Ils présentent notamment une illustration classique qui décrit l'apparition d'une affection avec l'image d'une flèche trouvant sa cible. En voici l'exposé. La maladie elle-même possède sa propre personnalité, laquelle surgit de la vacuité. Quand des circonstances défavorables de régime alimentaire, de climat, de comportement et de karma individuel néfaste (les actes passés qui attirent les maladies) se combinent d'une manière donnée avec les trois facteurs clé humoraux, toutes les causes et conditions requises pour l'apparition d'une affection sont réunies. C'est comparable à ce qui se produit lorsqu'un excellent archer tire une flèche acérée et rapide ; si les conditions s'y prêtent, la flèche va se ficher directement au centre de la cible. Au moment où les conditions environnementales et les autres facteurs vitaux interagissent dans telle ou telle de leurs combinaisons, les trois humeurs du souffle, de la bile et du flegme seront comme la flèche, tandis que la personne constituera la cible où le tir va faire mouche; la maladie en découlera. Cet exemple, fréquemment employé en médecine tibétaine, reflète la philosophie du médecin. Même quand l'affection n'est pas présente, la possibilité de l'affection l'est. Dans le cas où des facteurs identiques à ceux du cas précédent seront associés à des causes et des conditions résultant d'actions antérieures bénéfiques, l'ensemble aura pour fruit la bonne santé, y compris au milieu d'une épidémie. En effet, si vous êtes en contact avec un malade, vous pouvez ou non attraper la maladie; cela dépend de votre état et de l'atmosphère dans laquelle vous vivez: selon ce que favorisent votre situation personnelle et votre équilibre propre, vous allez maintenir tels quels, ou bien développer, ou encore transformer les éléments de la conjoncture.

Lorsqu'il a compris les causes et les conditions d'équilibre ou de déséquilibre, le médecin apprend à faire le diagnostic. On peut utiliser comme indicateur toute partie du corps et toute production corporelle. Un praticien qualifié diagnostique l'état de santé grâce à l'observation des yeux, des traits physiques, de la voix, des tics, de l'expression, etc. Dans les *Soutras du Bouddha Médecin* donnés par le Bouddha et dans les *Tantras* postérieurs, il est dit qu'un maître de l'art est capable de diagnostiquer, grâce à l'examen de l'enfant, la maladie d'un de ses parents… ou de diagnostiquer la maladie de l'enfant grâce à l'examen de l'un de ses parents – même si ces personnes se trouvent à des milliers de kilomètres l'une de l'autre. Un médecin expérimenté peut également prédire le futur et retrouver la trace du passé. La méthode de diagnostic employée habituellement est l'examen des pouls, qui permet de vérifier de façon complète l'état de santé du patient. Il est courant d'avoir aussi recours à d'autres moyens, comme l'examen des excrétions de l'organisme, celui des urines en particulier. Ces techniques sont les méthodes fiables, exposées dans les textes, grâce auxquelles on détermine l'état de santé. Un étudiant les utilise toutes, durant la période d'entraînement qui fera de lui un maître de l'art.

Au cours d'une séance classique de diagnostic, le médecin s'emploiera tout d'abord à mettre le patient à l'aise. Il lui posera ensuite des questions sur son histoire personnelle, sur l'histoire de cette affection particulière, et il lui demandera son opinion sur sa maladie. Quand cela a-t-il commencé? Est-ce que certains aliments améliorent ou aggravent son état? Quelle est l'incidence de conditions telles que le temps qu'il fait, le moment de la journée? Les réponses vont donner au médecin une idée des éléments de base de la maladie. Si elle empire après consommation de nourriture huileuse, alors il se pourrait que ce soit un problème de bile; si elle s'améliore après consommation de viande, il se pourrait que ce soit un problème de souffles. Le médecin examine le visage et l'aspect général de son patient, puis il étudie les pouls et les urines. Ces observations lui fourniront toutes les indications nécessaires au diagnostic et à la prescription du traitement.

L'examen des pouls n'est pas simplement destiné à sentir les battements de cœur, bien qu'il se fasse comme dans la médecine occidentale avec les trois doigts médians appuyés au poignet; le praticien de la médecine tibétaine doit avoir beaucoup de pratique et de sensibilité, car on fait une lecture des pouls à plusieurs niveaux bien distincts, en appliquant des pressions différentes et en se servant de chacun des trois doigts pour percevoir les diverses pulsations. On peut sentir trente pouls, quinze au poignet droit et quinze au poignet gauche. Ils reflètent l'état des onze organes majeurs du corps, les six viscères creux et les cinq organes pleins. Les viscères creux sont l'estomac, le côlon, la vésicule biliaire, l'intestin grêle, la vessie et les glandes reproductrices. Les cinq organes pleins sont le cœur, les poumons, le foie, la rate et les reins. De son côté, le patient doit se préparer pour la lecture des pouls en évitant de s'exposer à des conditions extrêmes de froid, de chaleur, d'excès d'activité ou de stress. Lorsqu'il fait un diagnostic par les pouls, le médecin doit prendre en compte des facteurs tels que la saison, les conditions atmosphériques du moment et l'heure de la journée, car tous modifient la qualité des pouls : le corps humain fait partie de l'univers dans lequel il vit, il réagit à son environnement comme le fait tout le reste.

Le second outil de diagnostic par ordre d'importance est l'examen des urines, qui reflètent clairement l'état de l'organisme entier. L'odeur, la couleur, la quantité de vapeur, le type de bulles, la présence de sédiments, l'aspect (l'urine peut être transparente ou trouble), tout cela fournit une mine de renseignements au praticien expérimenté ; ces variables reflètent exactement l'état de santé de chaque partie de l'organisme.

En ce qui concerne la santé psychique, le principal critère de diagnostic est l'état de ce que l'on nomme les cinq poisons : le désir-attachement, la colère-aversion, l'ignorance, la jalousie et l'orgueil. Le médecin les observe avec attention ; parmi eux, le désir-attachement et la colère-aversion sont des facteurs cruciaux dans les affections mentales. Les cinq poisons fonctionnent en synergie, créant des effets secondaires tels que la peur et la violence. Souvent, là où il y a sentiment d'infériorité, il y a peur, et là où il y a inflation du "moi", il y a violence. La présence ou l'absence de ces éléments est une indication pour le diagnostic. Cependant, constituants physiques et psychiques sont inséparables ; les déséquilibres des trois humeurs et les circonstances existentielles jouent un rôle dans les affections mentales comme dans les affections physiques. Par exemple, le patient qui souffre d'un problème de type chaud va devenir incontrôlable et agressif. Celui qui pâtit d'un problème des souffles verra aussi son activité stimulée, quoique d'une manière différente. Il ne sera pas autant enclin à l'agressivité, mais plutôt à beaucoup parler.

Dans la médecine tibétaine, les remèdes aux maladies sont tirés de l'environnement, c'est-à-dire des ressources naturelles que constituent les plantes, les minéraux et l'eau. Il existe un principe médical selon lequel il n'existe pas d'affection qui n'ait de moyen d'y remédier, car l'existence même de l'affection est la preuve de l'existence du moyen d'y remédier ; toutefois, lorsqu'une nouvelle maladie apparaît, trouver le remède prend souvent du temps. Les moyens thérapeutiques sont nombreux et variés, comme l'acupuncture, les moxas[1], les massages et la chirurgie. Ils incluent également l'emploi de plantes, de minéraux, ou d'éléments d'origine animale, dotés de vertus curatives. Ces substances possèdent des propriétés : des saveurs, des qualités, un pouvoir principal ou force agissante, et un pouvoir spécifique lorsqu'elles sont combinées. Toutes ces propriétés sont fonction des éléments avec lesquels

1 Cette technique fait partie des traitements externes de la médecine tibétaine. L'emploi des moxas est fonction de la nature de la pathologie ; ils peuvent être prescrits pour certains désordres, comme l'excès de flegme, mais sont contre-indiqués pour d'autres, comme les maladies du sang. "Il existe six variantes de la technique des moxas : brûlure par l'intermédiaire d'une plante particulière (une herbe aromatique de l'Himalaya), brûlure avec une tige d'or, avec une tige d'argent, avec une tige de cuivre, avec une tige de fer, brûlure par l'intermédiaire de pierres précieuses ou semi-précieuses." in Methods of treatment in Tibetan medicine, *Tibetan Medicine*, Series No 1, Dr. Y. Dönden, LTWA, Dharamsala, 1980.

ces substances ont une affinité : l'air, la terre, le feu, l'eau et l'espace ; ce dernier est souvent considéré comme un élément car il fait la place pour que les choses puissent se produire[1].

Les saveurs médicinales sont les suivantes : sucrée, acide, salée, amère, âpre (syn. astringente) et piquante. Il peut y avoir combinaison de plusieurs saveurs. Les remèdes possèdent également des qualités telles que légèreté ou lourdeur, fraîcheur ou chaleur, douceur ou rudesse... Certaines de ces qualités sont stables (non modifiées par la plupart des processus chimiques), donc toujours associées à la substance[2] ; d'autres sont susceptibles de transformation lorsque la substance est préparée pour la consommation. Il existe des centaines de remèdes, prescrits sur un mode personnalisé, combinés dans des préparations adaptées aux besoins spécifiques du patient. En voici que l'on trouve facilement et qui donneront une idée de la matière médicale tibétaine :

Le camphre est un bon exemple de remède courant. Sa saveur est piquante et amère ; sa qualité est la légèreté, mais avec une caractéristique de fraîcheur. En raison de ce pouvoir rafraîchissant, on l'emploie pour diminuer la chaleur, faire baisser une fièvre. De même, il s'avère bénéfique dans les inflammations pulmonaires. Le raisin sec est également un remède rafraîchissant qui calme la toux, réduit le mucus et dissipe les affections chroniques des voies respiratoires (gorge, poumons).

1 *Le Tantra explicatif* décrit les différentes propriétés médicinales dérivées des saveurs. Fondamentalement, la combinaison des éléments résulte en saveurs (par ex., la saveur piquante correspond à la combinaison de l'air et du feu), puis en propriétés. "Les propriétés des saveurs sont classées en trois catégories : huit qualités inhérentes, deux principaux pouvoirs ou forces agissantes (chaud et froid) et dix-sept qualités secondaires." in *The Ambrosia Heart Tantra*, Dr. Y. Dönden, LTWA, Dharamsala, 1977, et *Tibetan Medicine*, Series No 2, Dr. P. Dorjee, LTWA, Dharamsala, 1981.

2 Ce sont les qualités inhérentes. Les autres sont les qualités secondaires. Cf. *The Ambrosia Heart Tantra*, Dr. Y. Dönden, LTWA, Dharamsala, 1977.

Le vif-argent est un remède minéral. Il est frais, avec de la lourdeur. On l'utilise dans les pathologies dues à des toxiques, qui entraînent une production de pus et des écoulements internes ou externes. On l'emploie aussi en dermatologie, dans les maladies osseuses et dans les rhumatismes.

Le bois de santal est un autre remède végétal. Sa saveur est âpre, sa qualité est la fraîcheur, mais sa force agissante est la chaleur. S'il vous est déjà arrivé d'utiliser un éventail de santal par temps de canicule, vous savez alors que l'odeur même est très rafraîchissante. Cependant, sa force agissante étant la chaleur, on l'emploie par exemple s'il faut de la chaleur dans les poumons, lors d'une toux avec un flegme abondant. On peut le prendre par voie orale ou l'inhaler. Le santal est excellent pour chauffer les muscles, aussi l'utilise-t-on en application externe afin de soulager les douleurs musculaires. De même, il est très bon dans les affections cutanées de type chaud, dans lesquelles l'épiderme est rouge avec de fortes démangeaisons.

Le gingembre frais est encore un remède. Sa saveur est piquante, sa qualité est la chaleur, sa force agissante est la chaleur. On s'en sert pour accroître la chaleur là où elle fait défaut. Le gingembre est utile dans les digestions déficientes et dans les problèmes d'estomac qui y sont associés, car ils résultent d'une chaleur interne insuffisante. Il soulage aussi de problèmes circulatoires, du torticolis, ainsi que de la raideur des mains. Vous pouvez le préparer en infusion ou en extraire le suc pour l'utiliser en application cutanée sur la région du corps concernée.

Le sucre brun, produit lourd à la couleur foncée, tiré de la canne à sucre, constitue encore un bon remède. Sa saveur est sucrée, sa qualité est la chaleur et, à l'instar du gingembre, il fonctionne en tant que chaleur. Il est excellent pour les personnes faibles : quand vous vous sentez affaibli, vous avez peut-être l'habitude de boire un bouillon (certains Occidentaux prennent du bouillon de poulet) ; vous pouvez similairement consommer du sucre brun (en boisson chaude). Si vous éliminez mal en raison d'une digestion déficiente, cela améliorera votre état.

L'ail est, de même, un remède utile. Sa saveur est piquante, sa qualité est la chaleur, sa force agissante est aussi la chaleur. Il est très efficace pour se débarrasser des vers et autres parasites de l'estomac et des intestins. Il est également excellent dans les maladies dermatologiques.

Le corail est un autre remède minéral. Sa saveur est âpre, sa qualité est la fraîcheur. Il est excellent pour le cerveau. On le réduit en poudre et on l'associe à d'autres substances médicinales choisies en fonction des pathologies. Le corail est bénéfique dans les problèmes chroniques de type chaud causés par des toxiques, comme l'intoxication alimentaire ou une affection nommée "poison ancien". Cette dernière est un désordre qui survient quand on a pris trop d'une substance à laquelle on n'est pas accoutumé. La chaleur de la substance est alors piégée dans l'organisme, mais sans s'intégrer ; n'étant ni assimilée ni éliminée, dès que les conditions sont propices, elle resurgit. Le processus est semblable à ce qui se passe lorsque, ayant été malade d'avoir trop mangé de quelque chose, par la suite cela nous rend malade chaque fois que nous en consommons de nouveau.

La saveur du charbon est à la fois piquante et âpre. Sa qualité est la chaleur. Il est excellent pour certains types de problèmes nerveux comme celui où les nerfs sont surmenés, ce que l'on nomme "trop ouverts". Les médicaments contenant du charbon permettent également de traiter les lithiases : ils désagrègent les calculs biliaires ou rénaux.

Un remède particulièrement plaisant est le miel. Sa saveur est sucrée, sa qualité est la chaleur. Il est excellent pour la peau, pour les yeux et pour la santé en général. Il est bon d'en consommer de temps à autre.

Ce ne sont là que quelques exemples. Un très grand nombre de médicaments se fabriquent en préparant puis en combinant les produits naturels de multiples façons. Il existe aussi des remèdes exceptionnels et exotiques comportant des plantes rares ou des éléments d'origine animale, mais le plus souvent les médicaments se composent de substances très ordinaires comme celles que nous avons mentionnées. Naturellement, ces substances demandent une préparation particulière. On ne peut les prendre toutes sous leur forme naturelle ; certaines étant toxiques, il faut d'abord neutraliser le poison d'une manière qui préserve les propriétés thérapeutiques. On traite diversement les produits bruts d'origine animale, végétale ou minérale, même ceux qui sont sans aucun danger, pour les purifier en vue de les rendre conformes à l'usage thérapeutique. Une fois correctement purifiés, ils seront le plus souvent associés dans la composition de différents médicaments. Quoique ceux-ci soient fréquemment des préparations standard, le principal facteur de leur fabrication est le besoin individuel. La fabrication soigneuse des médicaments se fait selon les textes de la pharmacologie, que tout médecin doit apprendre, et prend beaucoup de temps ; il faut traiter chaque patient de façon personnalisée. En effet, si cent personnes sont atteintes de la même maladie, la manifestation de cette affection et, par conséquent, le remède adapté s'avèrent légèrement différents dans chaque cas.

Outre les médicaments, le médecin pourra prescrire des traitements tels que les massages, les moxas ou les bains chauds. Les cures thermales occupent une place particulière en médecine tibétaine. Généralement indiquées pour des affections profondément ancrées, comme les maladies osseuses, musculaires, sanguines et dermatologiques, elles le sont beaucoup moins pour les pathologies des organes. Les meilleures eaux pour ce type de soins sont celles des sources chaudes naturelles, très nombreuses au Tibet. Il existe notamment un endroit renommé où l'on en trouve plus d'une centaine. La plupart possèdent des saveurs et des odeurs qui leur sont propres, en raison de la teneur en différents minéraux ; sur le site de chacune, une inscription porte le nom des affections pour lesquelles la source est indiquée. Les eaux chaudes sulfurées sont reconnaissables à leur couleur jaunâtre, leur saveur amère et leur odeur caractéristique ; le soufre est excellent pour la lèpre, l'une des maladies les plus difficiles à soigner en médecine tibétaine. Les sources contenant de la calcite sont indiquées pour les maladies de type froid, comme les rhumatismes, et pour les problèmes dermatologiques. Les sources calcaires offrent, quant à elles, d'autres bienfaits encore. On peut également recourir à des combinaisons de ces minéraux.

Le médecin pourra aussi prescrire des traitements de bains chauds en baignoire ; dans ce cas, on doit suivre de strictes directives. On emploie une solution, par exemple le vin médicinal d'orge dont la composition est de 40 % de substance médicinale et de 60 % d'orge. On applique la solution à certaines parties du corps ou, en bain, au corps tout entier. Le traitement ne doit pas excéder trois semaines, chaque bain ne dépassant pas une heure. On détermine le nombre quotidien de bains en fonction de l'état du patient : la chose la plus importante à prendre en compte est l'état de santé cardiaque. Au début, on ne laissera pas la personne longtemps dans le bain et l'eau ne sera pas plus chaude que ce qui lui est agréable. La quantité de produit pharmaceutique et la température seront progressivement augmentées, puis diminuées tout aussi progressivement : une cure peut compter dix jours de période d'accroissement, un jour au niveau maximal, puis dix jours de période de réduction. Pour les maladies osseuses, musculaires et dermatologiques, le bain s'avère bien meilleur que la prise orale de médicaments, car les principes actifs pénètrent dans l'organisme de l'extérieur vers l'intérieur, de telle sorte que la surface du corps est semblable aux parois de l'intestin grêle, assimilant le remède avec beaucoup d'efficacité.

Ce survol de quelques points essentiels de la théorie médicale tibétaine et du traitement des désordres physiques est destiné à présenter certains des principes fondamentaux de l'art de soigner. Lorsqu'on applique cette connaissance, le processus de maintien d'un équilibre parfait peut continuer d'être affiné jusqu'à ce qu'une harmonie spontanée s'installe, qui ne connaît pas de cesse. On peut nommer "immortalité" une telle perfection de conditions. C'est un degré avancé, où l'on voit chaque partie de l'organisme fonctionner harmonieusement au sein d'un équilibre qui se perpétue de lui-même. Dans notre monde relatif, l'harmonie du corps représente un pas important vers l'équilibre : cet état nous permettra d'approcher plus aisément la réalisation de l'esprit ultime.

- 3 -

L'ART DE SOIGNER L'ESPRIT

L'esprit est l'essence de tout.
En raison de la pureté de l'esprit, tout devient pur.
En raison de la clarté de l'esprit, tout devient clair.
En raison du bien-être de l'esprit, tout est bien.
L'essence de toute chose est notre propre esprit.

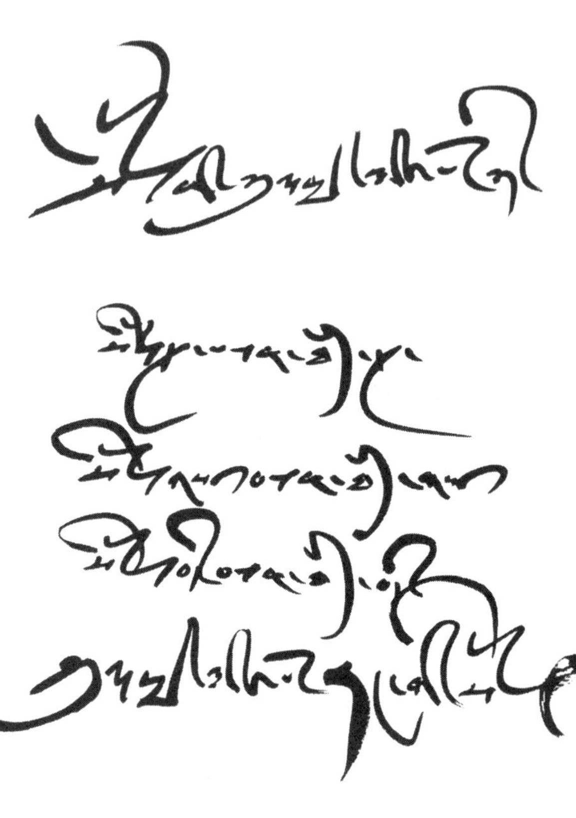

Bien que le déséquilibre physique constitue un problème sérieux, la disharmonie psychique est une affection encore plus sérieuse. Les principes qui président au diagnostic et au traitement des affections de l'organisme s'appliquent également à la maladie mentale, car la santé de l'esprit (au sens ordinaire du mot) est similaire à celle du corps : il faut rééquilibrer ce qui est en déséquilibre. Au niveau relatif, l'équilibre psychique parfait implique qu'il y ait égalisation des affects du désir-attachement, de la colère-aversion, de l'ignorance, de la jalousie et de l'orgueil. Au sein du monde relatif les affects seront toujours là, aussi le point essentiel est-il de trouver, puis de maintenir, un équilibre idéal entre eux. La santé psychique peut être préservée en contenant ces poisons mentaux de telle sorte qu'on n'en laisse aucun prendre trop d'ampleur. S'il survient un important déséquilibre entre ces facteurs, la maladie apparaîtra ; l'individu sera désorienté, plongé dans l'erreur quant à ce qu'il perçoit comme la réalité. Pour préserver l'équilibre, il faut maintenir de la clarté au milieu des nébulosités de l'existence humaine.

L'art de soigner le corps va de pair avec l'art de soigner l'esprit. La tradition médicale tibétaine traite les maladies psychiques par les médicaments, par des méthodes relevant de la physiothérapie et par des recommandations concernant le régime alimentaire et les activités quotidiennes, exactement comme on le fait avec les maladies physiques. En outre, le traitement comportera éventuellement des techniques spéciales applicables à l'esprit lui-même, que l'on pourrait nommer, de nos jours, de la "psychothérapie" (dans l'acception large du terme). Toutefois, avant d'aborder cette thérapie particulière et ses méthodes, on doit comprendre que l'optique d'un Tibétain sur le sujet diffère quelque peu de celle d'un Occidental ; il est important de le préciser en préalable à toute discussion.

L'ÉQUILIBRE DE LA PERSONNE

La psychothérapie occidentale est à la fois un concept et une méthode qui sont le fruit des modes de vie dominants de la société actuelle, caractérisée par de constants et rapides changements ainsi que par la haute technologie. Au Tibet, il n'y avait ni psychologues ni psychothérapeutes comme il y en a en Occident. Cependant, il existe une forme de thérapie de l'esprit dans la religion, le type d'éducation et les structures familiales de cette société bouddhiste. Du simple fait de vivre dans un cadre complètement naturel, la personne passe par un processus psychothérapeutique doux. De nos jours, la psychothérapie occidentale s'est répandue dans beaucoup de pays. Elle est apparue en réponse à un besoin nouveau, né de l'émergence de styles de vie et de rôles sociaux en rupture avec les styles et les rôles d'antan. Lorsque les gens ne sont pas au contact du processus naturel de l'existence, mais sont, au contraire, isolés d'une réalité naturelle, la nécessité d'une thérapie de la psyché se fait sentir car c'est un moyen de gérer le stress de la situation nouvelle.

Les débuts de la vie sont décisifs dans la formation des dispositions et des réactions de l'être humain. Le processus commence à la conception, pour continuer tout au long du développement qui nous mène de l'état de nouveau-né sans défense à celui d'adulte indépendant. Au cours de cette période d'environ vingt ans, la personnalité se forme et surtout s'enracine profondément au travers des expériences diverses. Celles-ci résultent de l'environnement.

Si une future mère est désorientée, si elle est perturbée par des affects ou des difficultés physiques, ces états auront des conséquences sur l'enfant qu'elle attend. Quand les gens vivent près de la nature, ils sont conscients de ces facteurs sans fournir d'effort particulier en ce sens. Au sein d'un environnement où l'on fait l'expérience de tous les phénomènes naturels, en les acceptant, il n'est nul besoin d'en faire un sujet d'étude. En revanche, dans les pays développés, beaucoup grandissent en milieu urbain. Ils ont tendance à oublier les rythmes naturels et il leur faut redécouvrir les choses toutes simples de la vie. Dans la culture tibétaine, lorsqu'une femme est enceinte, les gens respectent son état et s'emploient à réduire son stress physique et psychique. Après la naissance, la structure familiale et le mode de vie offrent à l'enfant un soutien pour son développement physique, affectif, et mental. Dans le schéma familial traditionnel, les grands-parents, les oncles, les tantes, les cousins, tous s'ajoutent aux parents pour veiller aux besoins de l'enfant et procurer de la stabilité au sein d'un environnement naturel. Ces gens n'ont ni centres commerciaux ni autoroutes, mais ils vivent avec la nature, ils connaissent les arbres, les fleurs, les animaux. L'enfant voit sa mère traire la vache pour obtenir le lait qu'il boira au petit-déjeuner. Dès le début, il apprend de la nature elle-même l'ordre naturel des choses. Un Tibétain de la classe moyenne demeure en deux endroits, un lieu de résidence d'été situé en altitude et un lieu de résidence d'hiver dans la vallée. La famille connaît des séparations et des réunions saisonnières, car certains de ses membres habitent principalement l'un de ces lieux tandis que la plupart des jeunes adultes se déplacent de l'un à l'autre. Tous font l'expérience de la tristesse au moment de se dire au revoir et celle du bonheur issu d'une communication authentique, lors des retrouvailles avec les amis et les proches.

Les petits Tibétains reçoivent à profusion la tendresse et la sollicitude essentielles, de la part de la famille entière. Tous créent autour d'eux un cercle d'attention aimante ainsi que de discipline. Ces enfants sont constamment en contact avec la réalité naturelle. S'ils sont témoins d'une mort, c'est une mort réelle. Quand un animal périt, quand un membre de la famille décède, ou encore s'ils voient quelqu'un être malade, ils en font l'expérience pour de bon, directement. La mort n'est pas quelque chose qui apparaît sur un écran rectangulaire, mis en scène par des gens qui, ensuite, se relèvent puis rejouent dans un autre film. Ce n'est pas dans ce genre d'apparences illusoires que ces enfants grandissent. Par exemple, les parents ont coutume de dire à la petite qui ne veut pas manger son yaourt : “S'il te plaît, prends-en trois cuillerées de plus, pour le bien de Pâquerette, la vache qui a donné son lait !” De cette façon, l'enfant apprend d'où vient le yaourt. Une petite fille sait si sa veste est faite en laine de mouton, en poils de chèvre si fins, en peau, ou encore en fourrure d'un autre animal. Elle a vu comment sa mère, ou son oncle, a fabriqué la veste ; il se peut qu'elle ait aidé à nettoyer la laine, à la carder, à la filer.

Ce genre de savoir naturel possède une valeur profonde qui est liée au développement intérieur de la personne. Lorsqu'on a appris qu'il faut attendre six mois pour que poussent certaines fleurs, parce qu'on a observé le développement des plantes à partir de la graine, puis l'apparition des feuilles et l'éclosion des boutons de fleurs – à des périodes bien déterminées de l'année –, on acquiert le sens des rythmes naturels. On prend conscience, à un niveau profond, du fait que les choses se passent d'une certaine manière et viennent à leur heure. Ce type de compréhension nous permet de construire la faculté d'accepter les autres situations qui vont se présenter tout au long de la vie et de reconnaître la nature temporaire de l'existence et de ses phases.

Cela prend du temps de devenir adulte. Cela prend du temps de découvrir comment fonctionnent les choses. Grandir près de la nature rend plus limpides les lois relatives. Etant donné que l'on comprend les choses essentielles, il n'est nul besoin d'un psychothérapeute pour les expliquer. Lorsque, avec bonté, l'entourage offre à un être humain des informations exactes, précises, claires, et ce dans un environnement paisible, cet être a toutes les chances de devenir gentil, patient et doté d'une certaine compréhension de la façon dont fonctionnent naturellement les choses… Ce qui ne veut pas dire que personne ne sera désorienté ou qu'il n'y aura pas de déséquilibrés. Mais il y aura moins, beaucoup moins, de ces perturbations, causées par les affects, dont les gens font l'expérience actuellement dans les pays développés.

Le développement n'est pas mauvais en soi ; le problème, c'est que celui-ci s'est accompli trop vite. Même les pays les plus en avance technologiquement n'en sont à ce stade de progrès que depuis bien peu de temps. C'est un phénomène nouveau qui s'est produit au cours des cent dernières années, voire moins. Si vous comparez les changements du siècle passé à ceux survenus auparavant, cela paraît incroyable ! La récente période de mutations est équivalente à plusieurs millénaires antérieurs d'évolution. Un mode de vie naturel s'est maintenu sur des centaines de milliers d'années, poursuivant un lent développement, jusqu'à ce que, soudainement, tout s'accélère.

Honnêtement, nous devons nous réjouir de ne pas avoir sombré dans la dépression nerveuse ou dans la folie. Nous devons nous réjouir d'aller si bien ! Tout va très vite, mais quelque part, nous avons pu suivre le rythme. Cependant, c'est bien cette situation qui a suscité l'avènement et le développement de la psychologie et de la psychothérapie. Ceux qui grandissent dans un environnement transformé, artificiel, ont du mal à comprendre que la vie est simple. Pour eux, tout s'avère très compliqué, en particulier des choses comme l'amour, comme prendre soin de soi-même et des autres, avoir des relations équilibrées, avoir de la discipline, etc. Des états ou des événements aussi fondamentaux que le bonheur, la tristesse, la mort, la naissance, leur paraissent très complexes. Même s'ils disposent d'abondantes sources d'étude, par exemple des ouvrages ou des cassettes vidéo débattant de chacun des aspects cruciaux de l'existence, cet apprentissage reste indirect. Il se peut qu'ils aient lu des centaines de livres et que cela demeure opaque et embrouillé dans leur esprit. Les gens qui ont grandi au contact de la nature n'ont peut-être jamais vu de livres, ils ne sont peut-être pas capables d'expliquer ce que sont l'amour, le respect, la bonté ; mais ils connaissent ces principes et les éprouvent d'une façon qui leur procure la stabilité. Les professions de la santé psychique sont issues de la nécessité qu'a le monde moderne de trouver des réponses à toutes ces questions fondamentales que l'on n'avait nul besoin de poser dans le passé. Ces choses élémentaires et structurantes, dont on avait autrefois une connaissance naturelle, sont devenues aujourd'hui des zones d'incertitude.

Les influences culturelles créent des variations notables de comportements. En raison de leurs civilisations propres, Polonais, Espagnols, Grecs, Anglais, Américains, Chinois, Indiens ou Français ont chacun leur vision des choses. Orientaux et Occidentaux ont des optiques si différentes qu'il leur est parfois difficile de se comprendre. Ce n'est ni négatif ni positif, seulement un fait. Par exemple, les Tibétains montrent rarement leurs sentiments tandis que dans de nombreuses sociétés occidentales, être capable d'exprimer ce que l'on ressent est bien considéré. Un Indien posera à un parfait inconnu quantité de questions très personnelles ; cette façon de faire est coutumière en Inde, mais pour un Occidental cela paraîtra très impoli. De même, le style des Occidentaux peut tout autant choquer un Indien. Lorsque, dans les années soixante, soixante-dix, nombre de jeunes Occidentaux se rendirent en Inde afin d'y étudier les philosophies orientales, ils n'hésitèrent pas, même s'ils étaient issus de familles aisées, à déambuler vêtus de fripes, sans appareil photo, voire sans chaussures. Pour les natifs de régions pauvres, c'était assez incompréhensible ! Ces Occidentaux, qui venaient de pays technologiquement avancés et matériellement prospères, avaient ressenti une carence en valeurs spirituelles et s'étaient sentis coupés de certaines expériences de la réalité qu'ils tentaient de trouver en Inde.

Et pourtant, la nature essentielle de l'esprit est identique chez tout le monde, indépendamment de la culture. Les éléments de la réalité relative sont les mêmes pour tous et il en va également ainsi des principes qui la gouvernent. Les différences culturelles comme les différences individuelles font partie de la variété infinie du cycle de la manifestation et de la transformation des phénomènes, que le bouddhisme nomme “cycle des existences”. Tout l'éventail des situations, des événements, des personnalités, des motivations, des comportements, des états d'équilibre ou de déséquilibre, tout cela fait partie du cycle, quelle que soit la société au sein de laquelle on a grandi. Ces schémas connaissent un perpétuel changement, bien qu'ils soient fondés sur les cinq leitmotivs que sont le désir-attachement, la colère-aversion, l'ignorance, la jalousie et l'orgueil.

LA VALEUR DE NOTRE POTENTIEL

Parmi les attitudes négatives courantes de nos jours, l'une des plus destructrices est la haine de soi. Il semble que de nombreuses personnes se détestent elles-mêmes. C'est difficile à comprendre pour quelqu'un issu de la culture bouddhiste tibétaine, dans laquelle c'est un fait reconnu que l'on s'aime soi-même beaucoup trop, certainement plus que quiconque, plus que toute autre chose : l'opinion communément admise est que tous les problèmes viennent de ce que l'on est trop attaché à soi-même ; ce point de vue a généré des pratiques destinées à développer le souci du bien-être d'autrui comme du sien propre. Si les enseignements bouddhistes soulignent la souffrance de l'existence et la manière dont elle naît, c'est pour modérer la fixation sur le "je", le "moi", car cette saisie perpétue l'absence de sensibilité et de sollicitude à l'égard de tout ce qui se situe au-delà des goûts et dégoûts du "moi". L'insistance sur la souffrance n'a pas l'objectif de susciter une attitude négative envers soi-même, mais une attitude plus positive envers notre situation grâce à l'adoption d'une approche pragmatique. Etre réaliste aide à s'accepter soi-même et à accepter plus honnêtement notre situation afin de pouvoir œuvrer à l'améliorer. On est alors capable de s'apprécier pour ce que l'on est, au lieu de laisser la souffrance devenir source de négativité supplémentaire dans notre vie. Si l'on admet l'existence de nos défauts que sont la colère-aversion, l'ignorance, la jalousie, le désir-attachement et l'orgueil, si l'on reconnaît que la souffrance provient de ces états… alors on posera un regard plus objectif sur notre monde relatif.

Il faut noter que ces observations sur les mentalités contemporaines viennent d'un Tibétain qui a grandi dans les régions himalayennes du Sikkim et de Darjeeling (Inde), au contact de nombreuses personnes issues de cultures différentes, des Asiatiques et des Occidentaux. Ces idées ne sont pas fondées sur des études de psychologie occidentale, mais sur une formation qu'un Occidental pourrait nommer de la "psychologie bouddhiste".

Il y a, dans le bouddhisme, un principe essentiel qui est en mesure d'avoir un effet thérapeutique sur ceux qui n'arrivent pas à s'accepter tels qu'ils sont. En général, les gens se fâchent contre eux-mêmes parce qu'ils ne peuvent vivre selon l'idée de ce qu'ils voudraient être ; ils perçoivent leurs faiblesses, leurs problèmes, et s'en trouvent déprimés. En fait, c'est bénéfique de discerner vos défauts. C'est mieux que de ne pas les voir.

Cependant, lorsque vous croyez que vos limitations, vos problèmes, vos failles, constituent votre aspect ultime, cela peut vous rendre très négatif envers vous-même et envers tout ce qui vous entoure. Dans l'enseignement du Bouddha, il n'y pas de négativité, pas de faiblesse, qui soient ultimes. Toutes les négativités, tous les défauts, tous les problèmes sont relatifs et temporaires. Ultimement tout est parfait ; au sens ultime, il n'est aucune imperfection. Le savoir et le comprendre nous aidera à en finir avec la haine de soi. Quel que soit le nombre d'erreurs que les hommes puissent commettre, la nature ultime de chacun est parfaite et positive. Elle est au-delà du corps, de la personnalité et des circonstances transitoires d'une existence donnée.

Si vous ne savez pas que votre potentiel ultime est parfait, vous voudrez cacher vos faiblesses, non seulement à autrui mais aussi à vous-même. Certains le font avec des jeux (ou masques) psychologiques, d'autres avec des habitudes autodestructrices. Il arrive que les personnes persuadées que tout se résume à leur négativité aillent de mal en pis ; dans leur tentative d'ignorer leur réalité relative imparfaite, elles peuvent devenir alcooliques ou toxicomanes, ou bien développer diverses formes de maladies mentales. Qui peut admettre qu'il est ultimement mauvais ? Si vous croyez que vos faiblesses sont définitives, qu'elles constituent votre potentiel ultime, vous êtes fini ; cela voudrait dire qu'il n'y a aucun espoir, aucune possibilité d'améliorer quoi que ce soit. Dès lors que vous comprenez que vos défauts sont relatifs et susceptibles d'être transformés, dès lors que vous voyez qu'il est possible de manifester le potentiel ultime, alors survient une confiance réaliste en vous-même, en ce que vous êtes. Voilà comment vous pouvez devenir une personne ouverte, dotée de sens pratique, motivée et efficace. Le bienfait sera réel et tangible, car vous serez impliqué dans votre vie avec une entière confiance, une entière compréhension de votre nature ultime éveillée. Relativement parlant, bien sûr, vous n'êtes pas parfait ; aussi devez-vous continuer de prendre garde, d'être attentif, d'apprendre, de telle sorte que vous amènerez au grand jour toujours plus de votre nature ultime bénéfique, même si ultimement vous êtes parfait. C'est un paradoxe certes, mais il s'avère utile d'y réfléchir afin de parvenir à le comprendre.

Il est une pratique bouddhiste qui obtient certains des résultats visés par les méthodes psychothérapeutiques : c'est la méditation. On peut également considérer que la prière bouddhiste est thérapeutique ; et même, vivre sa vie selon des lignes directrices se révèle thérapeutique. En ce qui concerne la méditation, c'est quelque chose de profond et de puissant, qui n'a rien de superficiel et n'apporte pas nécessairement de réponses à toutes nos questions. Le processus est plus subtil. La méditation est une méthode qui aide la personne à simplement dissoudre les questions. Quand les réponses sont importantes à connaître, elles sont comprises, ressenties, ou réalisées.

Il n'est pas réaliste de penser que le monde reviendra à un état tel que nous vivrons tous près de la nature. C'est pourquoi, là où il n'est plus possible de grandir d'une façon saine, paisible et naturelle, les gens ont besoin de moyens qui les aident à trouver une authentique compréhension de la réalité. Pour beaucoup, cela fera intervenir la psychothérapie, pour d'autres, la méditation. Les méthodes du bouddhisme tibétain destinées à faire s'épanouir la santé de l'esprit peuvent s'utiliser comme un type de psychothérapie, malgré le fait que la tradition ne les a pas considérées comme telles, au sens où l'on emploie actuellement le mot.

PROGRESSER, ÉVOLUER

Selon le bouddhisme, il semble que l'on constate deux approches extrêmes de la vie; bien sûr, de nombreuses personnes se situent à un point donné entre ces extrêmes, montrant des signes de l'un ou de l'autre, parfois des deux. A l'un des extrêmes: ceux qui accordent beaucoup d'importance aux existences passées et futures, mais s'intéressent peu au présent. Ils consacrent le plus clair de leur temps à réfléchir sur le pourquoi du comment, sur les raisons pour lesquelles des choses se sont produites comme elles l'ont fait, ou à former des projets d'avenir. A l'autre extrême, il y a ceux qui sont absolument fermés à toute possibilité d'un futur ou d'un passé au-delà des limites de cette vie. Pour eux, l'existence est comparable à un morceau de bois massif tronqué aux deux bouts. La personne qui entre dans cette catégorie peut être saine, dérangée, heureuse, déprimée... Quel que soit le cas, elle pense que la vie commence à la naissance et finit à la mort, un point c'est tout. Ces deux types extrêmes d'individus ressentent beaucoup d'amertume et d'insécurité.

Ces tendances ont toutefois un côté positif. Ceux qui questionnent le passé et regardent vers le futur sont très ouverts. Ils sont prêts à comprendre beaucoup de choses avec une certaine profondeur. Parfois, ils sont tels des aimants; ils sont capables d'assimiler ce qui, pour d'autres, peut se révéler difficile à comprendre et à accepter. Lorsqu'ils accomplissent quelque chose de bien, ils n'y accordent pas une trop grande importance car ils visent toujours mieux. Ainsi, ils ne se fixent pas tellement sur ce qu'ils ont maintenant. Cela leur permet d'avancer, ce qui est excellent. Ils ne sont pas piégés par le contentement de ce qu'ils ont dans le présent, mais voient toujours ce qu'ils n'ont pas.

Les gens du deuxième type, que l'on peut appeler "massif", ont tendance à être extrêmement efficaces. Quand ils entreprennent quelque chose, ils le finissent. Leur façon d'accomplir une tâche est d'agir avec beaucoup de puissance, d'abattre littéralement le travail. Ils savent activer les choses. Sûrs d'eux, une fois engagés ils n'ont plus aucune hésitation et dominent le processus jusqu'à ce qu'il soit achevé, sans douter un instant de leur bon droit à prendre le contrôle des opérations. Le plus souvent, ils n'extériorisent pas beaucoup leurs sentiments, même s'ils en éprouvent.

Comme dans toute société, on attend d'un bouddhiste de la tradition tibétaine certaines choses qui lui vaudront le respect. Ce sont des idéaux que les gens s'efforcent de suivre, par exemple celui d'être bénéfique non seulement à soi-même mais également à autrui. Ils développent la capacité de faire le bien des autres et de se mettre à leur place afin d'accroître leur compréhension. Les gens qui ont un sentiment religieux, ou qui s'intéressent à ce qui est profond, ont pour objectif l'éveil : ils ne se limitent pas au perfectionnement de la conduite humaine, ce qui ne représente qu'une étape sur le chemin. Le bouddhisme expose la possibilité de l'éveil parfait, la complète réalisation au-delà de toute limitation, ainsi que les moyens d'y parvenir. La perfection physique n'est pas si importante que cela ; l'essentiel est un esprit excellent, doté de capacités parfaites. Il n'y a pas de place pour Monsieur ou Miss Univers, dans la vision tibétaine du monde.

On peut distinguer trois catégories d'êtres humains. La première compte ceux qui sont "parfaits" : bons pour eux-mêmes et pour ceux avec qui ils s'associent, ils ont des actions constructives. La seconde catégorie compte ceux qui sont bons pour eux-mêmes, mais pas très bénéfiques pour qui s'associe avec eux ; cependant, ils ne font pas de tort à autrui. La troisième catégorie compte les individus nuisibles pour eux-mêmes et pour tout le monde. Malgré tout, l'être humain parfait est susceptible de subir une modification et de régresser, tandis que celui qui est faible et imparfait peut progresser ; ce classement n'est pas permanent, il est relatif et temporaire.

Ce qui distingue ces catégories, c'est la clarté de l'esprit. Si votre esprit est limpide, alors vous pouvez faire partie des êtres humains parfaits. S'il est dans l'erreur et l'obscurité, vous pouvez appartenir à la seconde, voire à la troisième catégorie. On dispose de nombreuses méthodes destinées à rendre l'esprit clair. Elles s'appliquent de la naissance jusqu'au dernier souffle et ne fonctionnent pas à l'identique pour tous. Si quelqu'un a l'habitude invétérée d'un comportement nocif, il lui sera difficile de devenir bénéfique ou même de ne pas nuire, et il devra fournir beaucoup d'efforts en ce sens. Au contraire, une condition malheureuse peut correspondre à des circonstances passagères, par exemple dans le cas où quelqu'un de très bien traverse de nombreux problèmes et difficultés. Si cette personne n'a pas d'habitude nocive profondément ancrée, les états d'esprit négatifs qui auront été suscités par les épreuves de l'existence seront surmontés beaucoup plus facilement. Lorsque l'on devient bénéfique à soi-même et à autrui grâce à l'authentique effort d'établir une habitude positive, cette habitude s'implantera si fermement qu'il lui sera très difficile de se dégrader. En revanche, si quelqu'un se trouve dans la première catégorie simplement en raison de circonstances chanceuses, il est possible que surviennent des affects ; par conséquent, la situation sera éminemment susceptible de se détériorer.

Ces types humains possèdent des caractéristiques distinctives. On dit que le cœur de la personne excellente est vaste comme l'espace, qui peut tout accueillir, dans lequel tient l'univers entier. Qui est réellement bon a le cœur si ouvert et si grand qu'il est vraiment capable de supporter n'importe quelle situation, n'importe quel état. La personne de la seconde catégorie est comparée à un pays ; il y a de l'espace pour certaines choses, mais il y a également des frontières, c'est-à-dire des limitations. On dit de l'individu de la troisième catégorie que son esprit est semblable à une pièce exiguë, à la décoration surchargée, pleine de bric-à-brac ; il n'y a pas vraiment d'espace pour quoi que ce soit excepté le désordre. Cependant, ces états de l'esprit sont susceptibles de se modifier. Chacun peut s'améliorer ou se dégrader, selon ce qu'il fait de ce qu'il a. La personne la plus avancée est stable comme une montagne, les choses insignifiantes la touchent peu. On décrit le second type de personnalité en utilisant l'image d'une rivière sans cesse mouvante et changeante, dotée toutefois d'une identité. Le troisième type est symbolisé par une plume, qui a sa propre identité mais flotte de-ci de-là au gré du vent, incapable de demeurer longtemps en un état donné. Malgré tout, celui qui est comme la plume peut devenir comme la montagne et celui qui est comme la montagne peut devenir comme la plume.

Dans la culture bouddhiste, on atteint la perfection de l'esprit en suivant un mode de vie bouddhiste, le dharma, qui s'applique à différents niveaux ; ce sera très simple ou plus profond, en fonction du style de chacun. Les laïcs ont généralement un mode de vie bouddhiste simple fondé sur l'essentiel, les lettrés se penchent sur des sujets intellectuels plus complexes, les ermites se consacrent à des pratiques méditatives avancées. Quelles que soient votre activité et votre place au sein de la société, vous suivez l'enseignement du Bouddha de la manière qui vous convient le mieux et cela génère d'excellentes qualités. A l'origine, les enseignements du Bouddha étaient des sortes de conseils sur la façon de gouverner un royaume ou de s'occuper de sa famille, de commercer, de mener une vie monastique : comment faire toute chose pour qu'elle procure à tous les meilleures conditions. De nos jours, on pourrait qualifier de "psychothérapeutique" ce mode de vie et comparer les maîtres spirituels qui suivaient le pur enseignement du Bouddha à des thérapeutes de la psyché.

Il n'est pas nécessaire d'être malade physiquement ou mentalement pour présenter un déséquilibre et avoir besoin d'une thérapie ; les systèmes philosophiques qui limitent la compréhension de soi-même peuvent également avoir de puissants effets néfastes. Dès lors qu'il n'y a pas de compréhension de ce qu'est l'esprit, certains vont totalement s'identifier à leur simple étiquette de Monsieur ou Madame Untel et s'y limiter. Pour eux, ce corps de chair et de sang est tout ce qu'il y a. D'autres vont s'identifier à leur image, c'est-à-dire au style de vêtements qu'ils portent ou à ce qu'ils font : homme ou femme d'affaires, politicien, militaire, enseignant, etc. Les personnes ainsi dépourvues d'une quelconque compréhension d'elles-mêmes au-delà de leur corps, de leur image, de leur nom ou de leurs pensées, traverseront de véritables épreuves lorsque l'expérience les confrontera au fait que leur être est bien plus que ces simples apparences superficielles. Pour ceux qui sont ouverts et mûrs, avoir conscience de leur être profond est quelque chose d'inspirant, mais pour les autres, cela peut s'avérer très difficile car cela les désorientera.

LE CALME DE L'ESPRIT

Quand on se tourne vers la profondeur de l'esprit, le processus génère des effets secondaires. Par exemple, certains affects, certains sentiments et émotions (positifs ou négatifs) paraissent plus contrastés, plus évidents. Vous les ressentez plus intensément, il vous semble qu'ils deviennent plus puissants ; cependant, tel n'est pas vraiment le cas. En fait l'esprit devient plus limpide, aussi percevez-vous ce qui était déjà présent, mais voilé. C'est comme découvrir un éléphant au milieu de la forêt vierge. Tout d'abord vous ne pouvez l'apercevoir à cause de la profusion d'arbres et de lianes ; une fois que vous aurez fait quelques coupes claires dans la jungle, vous le verrez distinctement.

Au fur et à mesure que la perception s'éclaircit, il arrive également que l'on voie ou entende des choses que les autres ne voient ni n'entendent. Ces phénomènes peuvent déstabiliser ceux dont le corps subtil[1] est ultrasensible, si ces personnes ne sont pas à même de les comprendre et de les considérer selon la perspective correcte. A ce propos, il faut noter que certains – des charlatans et des fanatiques – gaspillent beaucoup de

1 Niveau énergétique subtil du corps.

temps et d'énergie à ce qui n'est qu'une élucubration de l'ego sur ce genre d'expériences, au point de nuire à autrui. Lorsque quelque chose d'inhabituel survient, le mieux est de le laisser de côté et de ne pas y accorder d'importance. Laissez cela tel quel, voilà tout. Ces signes ne sont ni bons ni mauvais, ils montrent seulement qu'un processus est en cours. Si vous essayez de manipuler ces phénomènes, si vous les amplifiez, alors il est certain que quelque chose ira de travers, quelque chose qui sera long à rectifier. Ce genre de distractions se produit dans les débuts de la méditation ; si l'on persévère de la bonne façon, on en viendra à faire l'expérience de la sérénité de l'état méditatif.

A cette fin, le bouddhisme emploie la méthode du calme mental. Une fois que l'on aura appris à pacifier l'esprit, on goûtera l'état méditatif lui-même et tout demeurera clair après la session de méditation. Cette sensation mentale et physique est vraiment merveilleuse, incomparable, cependant il faut veiller à ne pas s'attacher à ce qui n'est qu'un degré de notre développement. On ne peut s'empêcher d'apprécier la puissante expérience de cet excellent état de l'esprit et du corps, mais il faut avancer vers l'étape suivante. Si l'on se laisse prendre par le stade initial, on ne progressera pas. De plus, si l'on essaye de se saisir de cette bonne expérience, il est probable qu'elle s'évanouira ; auquel cas, on aura l'impression de se retrouver les mains vides et l'on sera tenté de cesser tout effort supplémentaire. Avec une telle saisie, même si ce stade se prolongeait, accompagné d'un plus grand nombre d'expériences inhabituelles, ce ne serait pas l'authentique état méditatif limpide. Lorsqu'on s'engage profondément dans la voie de la méditation en la considérant non pas uniquement comme une thérapie visant la paix intérieure, mais comme une pratique bouddhiste grâce à laquelle on s'efforce d'atteindre l'éveil, alors viendront des niveaux méditatifs plus profonds; les expériences qui naîtront seront différentes de celles d'une personne pratiquant la méditation aux seules fins de calmer l'esprit.

MOTIVATIONS, MÉTHODES ET RÉSULTATS

Chacun traverse des épreuves dans sa vie et se trouve témoin de celles que rencontrent les autres. Ces difficultés ont des origines précises et se déroulent selon des schémas particuliers; les enseignements bouddhistes expliquent exhaustivement ces causes et ces processus. Les ingrédients de base de la condition de souffrance sont l'attraction et la répulsion, elles-mêmes issues de l'ego. L'ego, qui est le sens du "je", du "moi", s'avère ainsi être la fondation des souffrances. Le désir-attachement et la colère-aversion sont en nous tous à divers degrés. Il n'est aucun humain ordinaire qui en soit dénué, bien qu'un certain équilibre puisse être préservé. C'est lorsque cet équilibre est rompu que des problèmes surviennent et que l'on recherche l'aide de la psychothérapie ou de la spiritualité, ou des deux à la fois.

Il y a diverses raisons d'entamer une thérapie et, de la même façon, il existe divers types de thérapies. Les méthodes thérapeutiques physiques, les traitements médicaux qui traitent l'état de santé du corps (une blessure ou une maladie, par exemple), se révèlent utiles également pour améliorer la santé de l'esprit. D'autres méthodes thérapeutiques sont, quant à elles, spécifiquement destinées à traiter les affects et le mental. Bien entendu, le corps et l'esprit sont liés, on ne saurait les séparer ; il existe toutefois des différences d'accent, placé plutôt sur l'un ou sur l'autre, et d'objectif – des différences dues aux motivations de chacun et au choix de la méthode thérapeutique dans laquelle la personne s'est engagée.

Certains se tournent vers un psychothérapeute ou tout autre professionnel de la santé psychique parce qu'ils ont de sérieux problèmes physiques ou mentaux, mais beaucoup le font sans être physiquement ou mentalement malades ; ils souhaitent simplement s'améliorer autant que possible. En matière de psychothérapie, la motivation est un facteur important. Elle est tantôt profonde, tantôt superficielle. Par exemple, la motivation superficielle est celle des personnes qui veulent surmonter des blocages de communication et s'adressent à des thérapeutes spécialistes de la question. D'autres rencontrent des problèmes relationnels au sein de leur famille et souhaitent y voir plus clair. On peut aussi envoyer à un psycho pédagogue l'enfant qui a des difficultés scolaires. Ces motivations sont toutes valides et visent un objectif précis. Celui-ci atteint, la personne aura le sentiment que le travail est terminé. Dans le cas d'une motivation plus profonde, ceux qui consultent ont des problèmes fortement enracinés au niveau des affects ou du mental. La psychothérapie est cruciale pour eux car elle a trait à leur désir d'avoir une vie dotée de sens, dans laquelle ils puissent fonctionner normalement.

Similairement, on observe différents niveaux de besoin et de motivation poussant à rechercher une aide par la méditation. Ce peut être pour le bien-être du corps ou de l'esprit ; dans un but superficiel, ou au contraire, profond. La motivation supérieure est, bien entendu, d'atteindre la réalisation ultime. Ici, non seulement on s'efforce de développer d'excellentes qualités en cette vie, mais de plus on vise leur développement dans la suivante et dans les nombreuses existences à venir. L'objectif est l'éveil, ce qui requiert vie après vie une clarté et une réalisation croissantes ; la motivation est profonde, vaste, illimitée. En revanche, la plupart des professionnels de la santé psychique ne traitent pas leurs patients en ayant à l'esprit ce qui dépasse les limites de l'existence actuelle. Leurs méthodes sont destinées à soulager certains problèmes spécifiques de la présente vie. Naturellement, si les techniques employées se révèlent efficaces pour dissiper les voiles qui obscurcissent l'esprit, leurs effets positifs s'étendront également aux existences futures.

Un thérapeute qui suit les principes bouddhistes, même s'il les présente dans un contexte différent, obtiendra des résultats similaires à ceux des personnes qui ont appliqué ces principes par le passé. Que ce soit nommé "bouddhisme" ou autre, cela mènera à l'éveil insurpassable. Pour un professionnel de la santé psychique, redécouvrir par lui-même des techniques équivalentes serait une tâche difficile car la vie est courte, il n'y a pas assez de temps à consacrer aux recherches et à l'expérimentation nécessaires. De plus, si l'on n'est pas soi-même éveillé, on fera beaucoup d'erreurs en chemin… D'où l'utilité d'adopter un système que de très nombreux spécialistes en la matière ont mis à l'épreuve et testé durant des siècles.

La variété des résultats provient des différences de méthodes et de motivations. Si vous abordez le désir-attachement et la colère-aversion d'une façon superficielle, vous obtiendrez des améliorations limitées ; vous résoudrez certains problèmes, mais vous ne deviendrez pas hautement évolué. Si votre approche est plus profonde, c'est une évolution plus profonde qui s'enclenchera.

QUELQUES MÉTHODES PROFONDES DU VÉHICULE VAJRA

Le désir-attachement, c'est l'attrait envers quelque chose. La colère-aversion, c'est la répulsion envers l'objet ; elle peut être si subtile que vous n'en avez pas conscience ou bien s'extérioriser très agressivement. Il existe différentes méthodes pour traiter ces affects, selon que leurs manifestations sont grossières ou subtiles et selon qu'ils sont bénéfiques[1] ou nuisibles. La méditation dégage une vision fine des affects, transforme ces aspects impurs en aspects purs, et élimine leurs nuisances des plus graves aux plus minimes, en un processus graduel ; on peut, de cette manière, accéder à un haut degré d'évolution malgré la présence de ces affects, qui vont subsister dans une certaine mesure jusqu'à ce que l'on transcende toute dualité et que l'on atteigne l'éveil complet. C'est par le biais du désir-attachement et de la colère-aversion que nous réaliserons le plein épanouissement de l'être humain et la clarté d'un esprit sans dispersion[2]. On utilise de la même façon chacun des cinq poisons pour faire émerger chacune des facettes de la clarté de l'esprit.

Un esprit humain ordinaire peut atteindre la clarté, libre d'erreur et de distorsion, sans être nécessairement éveillé. Cette personne ne sera peut-être pas parvenue à la première terre

---

1 Ils peuvent l'être, à certains égards et selon une certaine perspective (principe du poison employé comme antidote).

2 Ou clarté d'esprit *en-un-point*.

des êtres de l'éveil ; elle sera simplement un humain normal à l'esprit limpide et sain. On développe la clarté grâce à des méthodes méditatives qui forment les degrés du chemin de l'éveil. Celui qui possède un esprit limpide est une personne capable, efficace, qui perçoit chaque situation clairement et sans erreur. Maintenant, au lieu de se contenter de développer le calme et la clarté, si l'on regarde plus profondément la clarté elle-même, si l'on fait porter la méditation sur elle, cela va nous orienter vers l'éveil. C'est pourquoi atteindre la clarté constitue une étape importante pour ceux qui visent le but suprême. Dans le cas où la motivation est simplement de s'améliorer, de sortir du désordre mental et de l'erreur afin de gagner la clarté de l'esprit, on en restera au stade initial du calme et de la clarté. Dans le cas où l'on souhaite atteindre l'éveil, il faut aller au-delà de la paix intérieure.

Il existe de nombreuses méthodes méditatives. Certaines sont indiquées pour qui aspire à éliminer le stress. Certaines mettent en jeu l'activité du corps, celle de l'esprit, celle de la parole. Certaines concernent la vision, l'écoute, la pratique assise. D'autres s'appliquent à ce que vous mangez, à la façon dont vous mangez. Parfois, plusieurs activités sont synchronisées en une seule méthode. De fait, il existe une méditation applicable à chaque situation. On doit également avoir un endroit adéquat pour la pratique assise et savoir prendre la posture correcte.

Bien que nous ne nommions pas "psychothérapie" le bouddhisme du véhicule vajra, il offre une manière de travailler sur les déséquilibres qui sont à l'origine des difficultés psychiques. On trouve dans le véhicule vajra un nombre considérable d'enseignements et de techniques ayant cette vertu, dont quelques-uns, assez simples, sont donnés ci-dessous à titre indicatif. Toutefois, même les méthodes les plus simples requièrent de la prudence : si l'on n'est pas prêt, si l'on pratique de mauvaise façon, elles peuvent aller de travers. C'est comme se servir d'un couteau particulièrement bien aiguisé. Il tranche ce que l'on veut nettement et facilement, mais s'il dérape et vous coupe au doigt, la blessure peut être grave. Or, justement, ceux qui se tournent vers les professionnels de la santé psychique sont en général des gens très sensibles, semblables à des ballons complètement gonflés qui vont éclater si on les touche maladroitement. Les méthodes psychothérapeutiques doivent être exactement celles qui conviennent à chacun, car ces personnes se laissent déstabiliser par de petites choses. Un rien les excite, les déprime, ou les exalte. Cette instabilité impose donc la prudence ; elle est due le plus souvent à des déséquilibres (au niveau physique, au niveau mental et au niveau des affects) provenant d'expériences passées. Il est donc important que toute personne souhaitant appliquer ces méthodes consulte au préalable un maître de méditation, ou un thérapeute, expert en la matière.

Parmi les causes susceptibles de perturber l'esprit, les causes premières sont les divers affects, tous issus des cinq poisons principaux : le désir-attachement, la colère-aversion, l'ignorance, la jalousie et l'orgueil. Lorsque vous avez du désir non discipliné, vous devenez comme un trou noir de l'espace. Avide, vous voulez tout pour vous-même ; quoi que vous obteniez, vous voulez toujours plus. Avec de la haine non disciplinée, le monde devient un enfer. Vous ne percevez plus aucune des conditions agréables présentes autour de vous ; vous voyez tout sous un jour horrible et tout devient un motif supplémentaire de colère. Lorsqu'il y a jalousie non disciplinée, le bonheur des autres devient votre souffrance, tout ce qu'il y a de bon chez autrui devient votre problème. L'ignorance non disciplinée opacifie la perception de telle sorte que l'esprit devient semblable à celui d'un animal ; vous ne songez qu'à boire et à manger. L'orgueil, quand il n'est pas discipliné, vous amène à penser tellement de bien de vous-même que vous avez le sentiment d'être le meilleur, aussi vous vous mettez dans des situations où vous allez inévitablement à la chute. Tous ces affects se déploient en jouant de façon diverse, tantôt subtile tantôt grossière, selon les causes et les conditions de l'existence d'un individu. Chacun d'eux a le même pouvoir de déformer la réalité, aucun n'étant pire que l'autre à cet égard. Lorsque l'un des affects se rend maître de la situation, il laisse une cicatrice, une empreinte, que l'on expérimente en tant que dépression, confusion mentale ou schéma névrotique ; cela va du bénin au sérieux, comme avec le trouble maniaco-dépressif sévère ou la schizophrénie.

Pour éviter que ces affects ne vous plongent dans l'erreur et le désarroi, la première étape est de vous discipliner de telle sorte que votre colère, votre désir, votre ignorance, votre jalousie et votre orgueil n'aient plus autant de pouvoir sur vous. Vous ne devez pas les laisser prendre le dessus. Mais il ne vous sera pas possible de discipliner votre esprit si vous restez à un niveau superficiel. Il faut aller à la racine du mal et travailler à partir de là. L'un des moyens d'y parvenir est de cesser d'alimenter les affects. C'est exactement comme si vous vous battiez dans une guerre ; quand vous privez les adversaires d'eau, de nourriture ou de munitions, ils sont obligés de se rendre. C'est une des raisons pour lesquelles des personnes prennent parfois des résolutions, ou engagements, à long ou à court terme (les vœux tels que ne pas tuer, ne pas mentir, ne pas voler). C'est également la raison pour laquelle certains prennent l'ordination de moine ou de moniale, s'engagent dans des retraites méditatives, ou mènent une vie érémitique de renonciation. Tout cela représente autant de manières de réduire le pouvoir des cinq poisons ; quand on cesse d'ajouter du bois, le feu s'éteint de lui-même. Ces choix constituent des formes de pratique à long terme, qui demandent un cadre et des modes d'existence clairement définis. On peut aussi traiter chaque affect directement dans l'instant, quand il surgit, quelle que soit la situation où l'on se trouve : des méthodes qui sont spécifiques, toutes des façons traditionnelles de traiter les affects, sont exposées ci-dessous. Il faut insister de nouveau sur le fait que vous ne devez les pratiquer que si vous êtes prêt. Vous pouvez vous en assurer en demandant conseil à la personne vers laquelle vous vous tournez pour qu'elle vous guide spirituellement, un maître de méditation possédant la vision éclairée et la connaissance nécessaires.

Avant de commencer tout exercice, une certaine préparation est indispensable. Vous devez réserver une plage de temps, de même qu'un endroit propre et calme où vous ne serez pas dérangé pendant une demi-heure ou la durée souhaitée. Au début d'une session, restez simplement assis quelques minutes afin d'apaiser le mental. La posture assise est très importante ; lorsqu'on la prend correctement, elle coordonne le système physique et le système mental. Vous ferez ainsi l'expérience de cette connexion et vous en utiliserez le pouvoir de la meilleure façon qui soit. En fait, on peut méditer dans n'importe quelle position, cependant la meilleure est la posture assise, sur un coussin, jambes croisées, le dos et les épaules droites, les yeux mi-clos. Relaxez-vous dans cette posture dont les points doivent être aussi équilibrés que possible, durant cinq minutes.

Quand votre esprit est plus paisible et votre corps plus détendu, dirigez votre attention sur la respiration par le simple fait d'en prendre conscience. Observez ses quatre phases : vous expirez ; il y a une pause ; vous inspirez ; il y a une pause. La façon de respirer joue un rôle dans notre santé physique et psychique. Si la respiration est déséquilibrée, il s'ensuivra des difficultés. Certaines personnes inspirent et gardent le souffle à l'intérieur plutôt longtemps, puis expirent pour inspirer immédiatement de nouveau ; elles ont une personnalité plutôt emportée, agressive, avec une tendance à être en colère presque continuellement. Ceux qui expirent et restent plutôt longtemps "le souffle à l'extérieur" (laps de temps sans inspirer), avant d'inspirer de nouveau et d'expirer immédiatement, sont des personnes à faible vitalité. Faites l'effort de rééquilibrer votre respiration, cela vous aidera à gagner une meilleure santé physique et psychique. Tout en observant la respiration, expirez lentement et complètement, puis "gardez le souffle à l'extérieur" de deux à cinq secondes ; inspirez lentement et à fond, puis gardez le souffle à l'intérieur (rétention) de deux à cinq secondes ; enfin, expirez de nouveau. Faites-le naturellement, avec décontraction. On ne doit pas bloquer l'air en le verrouillant (lors de la rétention), ni le déglutir. Le processus ne doit pas présenter de tensions, mais être relaxé, selon un rythme naturel. Pendant que vous respirez ainsi, la pointe de votre langue doit être placée contre le haut du palais, juste derrière les dents. Chaque va-et-vient du souffle compte pour une unité, et vous devez faire vingt et un de ces cycles en vue de vous préparer aux exercices proprement dits.

La première méthode destinée à travailler avec les cinq principaux affects est de laisser survenir chacun d'entre eux puis de regarder directement la nature même de l'affect. Par exemple, tout d'abord, pensez à une chose à laquelle vous êtes franchement attaché, de sorte que votre désir devienne vraiment vivant; puis, stoppez le développement du désir et regardez directement l'état de désir lui-même. Ce faisant, vous verrez que le désir n'est pas là. Il n'est pas quelque chose de substantiel, mais une illusion construite de toutes pièces. Faites ensuite la même chose avec la colère-aversion. Pensez à quelque chose qui vous met dans cet état et lorsque votre colère est intense, regardez-la simplement. Observez à nouveau sa nature illusoire. A présent, développez l'ignorance. S'il est une chose pour laquelle vous avez plus d'ignorance que vous ne le souhaiteriez ou que vous ne pouvez comprendre, utilisez cela. Intensifiez l'ignorance, puis laissez-la telle quelle et regardez-la simplement. Ensuite, faites la même chose avec la jalousie, et enfin, avec l'orgueil. Lorsque vous développerez l'orgueil, votre "moi" se sentira complet, plein; laissez-le ainsi, tout simplement. Quand vous le regarderez directement, il s'annihilera de lui-même.

On nomme habituellement cette pratique "l'auto-libération" des cinq affects: ce nom se réfère au fait que c'est au travers de sa propre caractéristique que chaque affect se défait, s'annihile. Bien que cette méthode soit très efficace, la prudence s'impose. Générer de cette façon les affects peut occasionner des difficultés si vous n'êtes pas prêt et si vous les laissez prendre le dessus. Vous devez tout d'abord avoir de la dextérité pour diriger vos pensées, puis de la discipline pour gérer vos affects. Vous pouvez refaire cet exercice plusieurs fois. A la fin de votre session de méditation, restez simplement assis quelques minutes. Ensuite, faites de nouveau vingt et un cycles de respiration, puis demeurez assis cinq minutes supplémentaires avant de retourner à vos activités quotidiennes[1].

Trop souvent, au sortir de la méditation, les méditants reprennent leurs activités sans la souplesse et le calme nécessaires. Dans la plupart des cas, ils accomplissent leur méditation régulièrement, à certains moments de la journée. S'ils sont en train de faire quelque chose quand vient l'heure de méditer, ils laissent tout tomber pour leur pratique, puis celle-ci achevée, ils se précipitent pour reprendre ce qu'ils faisaient juste avant ; cela rend la session de méditation aussi névrotique que le reste de leurs activités. Il est bon que les pratiquants développent le calme dans l'action. Croire qu'en agissant précipitamment on accomplit plus est se bercer d'illusions. Vous ferez plus de choses avec moins de hâte et avec l'esprit clair, car vous utiliserez le temps au lieu de laisser le temps vous utiliser.

La méthode méditative suivante est recommandée à ceux qui sont extrêmement attachés à leur corps. Cette technique est profitable à certains mais peut se révéler nocive à d'autres. Si vous êtes suffisamment fort, suffisamment mature pour la supporter, et si elle vous convient, alors c'est une pratique très efficace. Si vous décidez de l'essayer, commencez comme précédemment par les exercices de la simple posture assise et de la respiration. A présent, dirigez votre attention vers le centre du front. Déplacez-la, avec une conscience claire, à travers la peau, les muscles, les os ; ce faisant, vous regardez ces zones du corps depuis l'intérieur. Ensuite, déplacez lentement votre

1 Dans ces pages, l'exercice consistant à demeurer relaxé, tel quel, dans la simple posture assise, se fait avant et après celui des vingt et un cycles de la respiration, et ce, en début comme en fin de session.

centre d'attention en le faisant descendre dans le corps. Votre attention se glisse au travers des bras et des mains, puis dans le cœur ; après cela, elle va au nombril, et ainsi de suite jusqu'à ce qu'elle atteigne la plante des pieds. Au fur et à mesure du processus, observez ce qui se trouve à chaque endroit. Regardez honnêtement tout ce qui est là. Voyez le corps entier tel qu'il est, à l'extérieur, à l'intérieur, jusqu'en son centre. Lorsque vous aurez étendu de la sorte le champ de votre attention et vu clairement ce qu'il y a à voir, concentrez-vous de nouveau sur le centre du front et demeurez simplement en cette expérience, assis, pendant un moment. Concluez la session par les exercices de la simple posture assise et de la respiration. Cette technique vous permettra de surmonter l'illusion que le corps est attirant et permanent. Le but recherché n'est pas de vous pousser à le négliger ni à le détester, mais de vous aider à développer l'appréciation de sa véritable substance. Du fait de percevoir l'impermanence du corps, vous serez enclin à mieux en prendre soin ; vous y serez aussi moins attaché, car vous comprendrez à quel point il est vulnérable.

Les deux méthodes qui suivent sont structurellement similaires, bien qu'on les applique pour des raisons différentes. La première est destinée à soigner les états dépressifs et la seconde, le comportement maniaque, exalté. Ces pratiques ont recours à des visualisations, à des couleurs, et à la respiration. Elles sont simples mais très efficaces. Ici également, il convient de faire attention. Consultez d'abord un maître de méditation ou un psychothérapeute.

Pour l'état dépressif, commencez votre session par les exercices habituels : la simple posture assise puis les vingt et un cycles de la respiration. Après la période d'apaisement de cinq minutes, vous allez maintenant purifier le souffle en expirant avec force par le nez trois fois : dans cette position assise, laissez les mains posées à plat sur les genoux et, chaque fois que vous expirerez avec force, vous étirerez les doigts le plus possible. Inspirez modérément vite, à fond, et retenez le souffle une ou deux secondes ; puis expirez avec force, aussi complètement que possible. Faites ce cycle de respiration trois fois, en gardant le corps bien droit. Ayant ainsi purifié le souffle, vous êtes prêt à débuter la méditation destinée à contrebalancer la dépression. Visualisez un long tube, ou canal, situé dans l'axe vertical du corps et commençant à un niveau situé un peu au-dessous du nombril et allant jusqu'au sommet de la tête, où il s'ouvre en s'évasant comme le pavillon d'une trompette. Il est blanc, fait de lumière, très droit et ouvert au sommet. Ne concevez rien d'autre à l'intérieur du corps. Faites l'expérience de ce canal de lumière tel quel ; il est comme la vacuité. Tout en gardant ceci clairement à l'esprit, visualisez maintenant au centre de la poitrine, dans le canal, un lotus blanc à quatre pétales tourné vers le haut. Sur le cœur de la fleur, il y a une sphère de lumière, à peu près de la taille d'un petit pois. Elle est semblable à une perle blanche. Légère, pleine d'énergie, elle ne repose pas lourdement sur le lotus mais se tient juste au-dessus, prête à s'éjecter. Continuez à respirer normalement sans penser à votre respiration, jusqu'à ce que la visualisation soit bien claire. L'ordre dans lequel faire cette visualisation est le suivant : visualisez d'abord le canal depuis son extrémité inférieure jusqu'à son extrémité supérieure, ensuite le lotus qui se trouve à l'intérieur, puis la sphère de lumière. Gardez le tout à l'esprit, en accentuant votre concentration sur la sphère. Lorsque c'est clair, inspirez lentement et complètement, ensuite retenez le souffle pendant une ou deux secondes, puis expirez avec force et à fond ; au moment où vous expirez ainsi, éjectez, par l'ouverture du sommet de votre tête, la sphère blanche : elle est projetée vers le haut, aussi loin que possible. Elle reste là-haut, jusqu'à ce que vous inspiriez de nouveau. Pendant que vous inspirez lentement et complètement, la sphère redescend puis se replace sur le lotus. Faites-le à plusieurs reprises, autant de fois que vous le jugez profitable. Pour certaines personnes, il est bénéfique de refaire la visualisation de nombreuses fois. Au moment où la sphère se trouve tout là-haut, elle devient la chose la plus élevée et la plus brillante dans votre conscience. En fin de session, passez à la phase de dissolution ; faites se résorber d'abord le canal, puis le lotus et enfin la sphère. Ne forcez pas, dissolvez simplement… et cela disparaît. Ensuite, purifiez le souffle de nouveau trois fois, puis terminez la session comme à l'accoutumée.

La technique destinée à contrebalancer l'exaltation est similaire, tout en recourant à la couleur et à la direction opposées. On visualise le canal en position inverse, ouverture vers le bas. Le lotus est noir. Il est situé au milieu de la poitrine, mais tourné vers le bas. En son centre, il y a une sphère noire, faite de lumière ; elle a la couleur d'une perle noire de la meilleure qualité. Elle est lourde, prête à tomber. Tel un aimant, le lotus noir la retient. Pendant que vous expirez, elle tombe. Laissez-la aller aussi loin que possible à travers le sol, tout droit à travers lui. Quand vous avez complètement expiré, restez “le souffle à l'extérieur” quelques secondes, de telle sorte que la sphère demeure loin au-dessous de vous. A ce moment-là, vous ressentirez un véritable enracinement ; vous aurez la sensation d'être lourd, d'être dans la terre elle-même, d'y être solidement ancré. Pendant que vous inspirez, la sphère de lumière noire remonte, attirée vers le lotus où elle se replace. Visualiser cette dernière phase peut se révéler ardu pour certains, qui trouvent la chute de la sphère facile mais son retour plus difficile. Cela ne fait rien, si vous ne pouvez percevoir la sphère remontant de la façon décrite ; elle remontera doucement et se placera là d'elle-même. Faites-le à plusieurs reprises, puis dissolvez la visualisation comme précédemment : tout d'abord le canal, puis le lotus, puis la sphère, l'un après l'autre. Ensuite, purifiez le souffle de nouveau trois fois et terminez la session comme à l'accoutumée.

La dernière méthode présentée ici agit à un plus haut niveau de l'esprit, ainsi que le font, d'une façon similaire sans être tout à fait identique, certaines techniques méditatives avancées. Commencez par vous préparer comme d'habitude avec les exercices de la respiration. Cette fois-ci, après les cinq minutes d'apaisement, générez votre dévotion et votre compassion jusqu'à leur point culminant. Faites-le en pensant avec dévotion à ceux qui sont spirituellement plus avancés que vous, puis avec compassion à ceux qui ne le sont pas. Lorsque la dévotion et la compassion atteignent leur maximum d'intensité, cessez votre effort. Demeurez simplement dans la plénitude de la dévotion et dans la pureté de la compassion. Dissolvez tous leurs aspects affectifs : ils s'ôtent l'un après l'autre comme les couches d'un oignon. Chaque strate vous amène un peu plus en profondeur. Pour les débutants, la dévotion et la compassion sont de l'ordre de l'affectif, mais au fur et à mesure que l'on pratique, ce caractère se dissout et laisse apparaître une véritable dévotion, une véritable compassion, d'une authentique pureté. On ne peut le décrire exactement ; il faut en faire l'expérience.

Ces méthodes du véhicule vajra requièrent des conditions et une préparation adéquates. Comment, précisément, appliquer telle technique, quand s'y consacrer, quelle approche personnalisée adopter lorsque vous la pratiquez : tout cela doit être déterminé par un enseignant qualifié. Il est nécessaire que cette expérience soit efficace, positive et bénéfique à votre épanouissement, à votre progression. Si ces techniques sont employées de façon irresponsable, sans l'expérience ni la pleine connaissance des conséquences, il peut en résulter, au lieu de la guérison, une détresse psychique plus importante. Aussi simples qu'elles paraissent, les pratiques méditatives du véhicule vajra sont d'une grande portée quant à leurs effets sur le corps, la parole et l'esprit. Le médecin qui prescrit des médicaments très puissants doit impérativement être qualifié ; il en va de même du guide spirituel qui utilise la méditation à des fins thérapeutiques.

La guérison participe naturellement de toute existence physiquement et mentalement équilibrée. De fait, la bonne santé résulte de l'application d'une sagesse instinctive. Le mécanisme naturel de guérison n'est pas nécessairement quelque chose qui advient lorsqu'il y a eu dommage, mais quelque chose qui ne le laisse pas se produire.

Même si une atteinte s'est produite, il existe une sorte d'alchimie de la nature, propre à transformer le dommage en un processus de croissance saine. Ce processus peut être une thérapie de la psyché et ouvrir sur de nouvelles aires de compréhension comme sur de nouvelles capacités. C'est par le processus de croissance que l'on développe et libère le potentiel, présent en nous, qui permet de réaliser toutes les qualités de l'être humain parfait – exactement à la façon dont germe une graine. Si une personne ne se développe pas, ce potentiel est dénaturé, gâché. Dans l'enfance, l'adolescence, puis l'âge adulte, à chaque étape de la vie il faut franchir un seuil. S'il n'y a pas croissance et développement sains, les phases de notre maturation seront perturbées. On finira par prétendre qu'on a progressé au stade supérieur, alors que ce n'est pas le cas. Si quelqu'un n'a pas réellement passé un cap mais prétend l'avoir fait, il devra tôt ou tard affronter cette réalité. En général, les gens ne veulent pas l'admettre et à cause de cela, toutes sortes de problèmes surgissent dans leur existence. Reconnaître le niveau auquel on se trouve, admettre cette réalité, puis travailler avec les situations de la vie quelles qu'elles soient en les acceptant : c'est un pas important vers la maturité psychique et spirituelle.

Quand on est psychiquement sain, l'étape suivante est de dépasser cet équilibre dualiste pour avancer vers une réalisation plus élevée ; avant d'y songer toutefois, il faut impérativement avoir établi l'harmonie mentale de base. Tout déséquilibre mental possède une correspondance au niveau physique, c'est pourquoi les déséquilibres physiques doivent être corrigés et guéris. Il faut améliorer les habitudes quotidiennes et y introduire de la régularité, afin qu'elles contribuent aussi bien à l'harmonie physique qu'à l'harmonie mentale. Cette approche présente un élément de prophylaxie enraciné dans la discipline ; une discipline adéquate prévient les disharmonies physiques. Lorsque la discipline des habitudes quotidiennes bénéfiques permet l'harmonie physique, cela maintient et renforce l'harmonie psychique.

C'est grâce à l'esprit évoluant au sein du monde relatif que nous réalisons notre nature ultime. Nous devons prendre soin de notre esprit tout comme nous prenons soin de notre corps, que nous nourrissons, auquel nous donnons de l'exercice pour en aiguiser les aptitudes et préserver le tonus santé. La saine tonicité de l'esprit est la clarté : c'est par la fenêtre de la clarté que nous pouvons voir l'ultime et prendre conscience de la réalité de notre esprit ultime.

Deuxième partie

LE SON

- 1 -

LANGAGE

Les symboles du son
contribuent à dissiper l'ignorance.

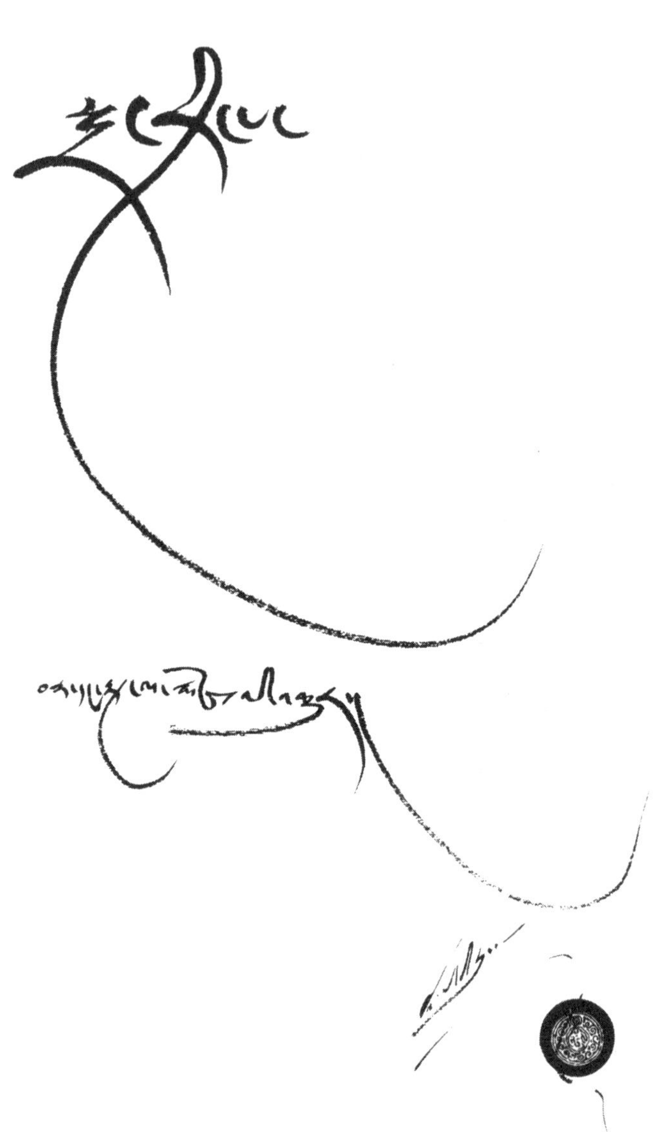

En des âges très lointains, les humains se sont servi de leur intelligence pour organiser les sons en langage, moyen par lequel des idées, des sentiments et de l'information purent être transmis selon des modalités spécifiques. Le langage s'est développé à partir de grognements simples, finissant par constituer des mots, des alphabets, de vastes corpus de vocabulaire, des phrases organisées et des règles grammaticales. Les langues actuelles nous permettent de communiquer avec précision et beauté.

Les méthodes de la communication représentent un des aspects importants du son et de l'expression ; mais dans la tradition du bouddhisme tibétain, les disciplines d'étude qui relèvent du son incluent bien plus encore. Ce champ de la connaissance débute au niveau des savoirs de base de la communication verbale et écrite ; il se poursuit avec les domaines artistiques spécialisés que sont la poésie, la musique et les autres arts du spectacle, auxquels s'ajoutent l'astrologie et les sciences qui lui sont associées. De fait, cela englobe des disciplines que l'on trouve aujourd'hui au sein du département d'arts et lettres d'une université ; en ce qui concerne le système du bouddhisme tibétain, les mathématiques relèvent aussi du son.

A l'intérieur de ce domaine de la connaissance, on pourrait regrouper les matières de base sous l'appellation de "sciences du langage". Dans le cadre du bouddhisme, cela renvoie à l'analyse approfondie des règles de grammaire, puis le champ s'étend à la lexicologie et à la sémantique. L'étude du langage a pour objectif la capacité de communiquer de telle sorte que soit claire la signification de ce qui est énoncé, fût-ce par une lettre ordinaire, un ouvrage littéraire sérieux ou une présentation orale.

La maîtrise de la grammaire permet de communiquer de manière élaborée : on sera capable d'exprimer un sens précis avec efficacité et justesse, ce qui serait impossible sans cette connaissance. La grammaire est la clé du message réellement contenu dans la communication.

L'alphabet tibétain de trente lettres a été dérivé, ou adapté, de l'alphabet sanscrit, mais la structure même de la langue est assez différente ; le tibétain appartient à la famille des langues tibéto-birmanes. Dès le VIIe siècle, le roi bouddhiste Songtsèn Gampo envoya en Inde l'érudit Theunmi Sambhota afin qu'il étudie le sanscrit, puis crée un alphabet et des règles de grammaire pour la langue tibétaine ; ainsi, les textes bouddhistes sanscrits pourraient être traduits et préservés en tibétain. C'est un système monosyllabique de la langue qui fut développé, où les mots sont constitués de syllabes, elles-mêmes formées par l'adjonction de préfixes et de suffixes à un radical. Selon leur rôle en qualité de racine du radical, de préfixe ou de suffixe, les lettres sont affectées de la catégorie grammaticale du genre. Ces genres doivent s'accorder. Il en existe plusieurs, que l'on peut traduire comme suit : masculin, féminin, neutre, super-féminin, féminin-stérile et absence de genre (la prononciation d'une lettre sans genre est légèrement plus atone que celle d'une lettre de genre neutre). En général, la lettre racine est la première prononcée ; c'est aussi elle qui porte, le cas échéant, le signe-voyelle et certains autres signes spéciaux (cet ensemble formant le radical). Il existe cinq sons voyelle[1], dont fait partie le son *a*, qui est inhérent à chacune des autres lettres de l'alphabet. Des règles spécifiques régissent les interactions de toutes les lettres ; en résumé, on peut dire que le fort s'associe au fort pour accentuer la force, que le faible s'associe au faible pour accentuer la faiblesse, et que des médiateurs dont la valeur est à mi-chemin entre fort et faible produisent de l'harmonie. Sans ces médiateurs, il y aurait conflit. Le masculin se combine avec le masculin, le féminin ou le neutre ; le féminin se combine avec le féminin, le super-féminin ou le neutre ; le neutre ne se combine jamais avec le neutre.

Il y a en tibétain huit cas syntaxiques. Le premier est le nominatif, suivi de sept autres qui indiquent : la direction, l'agent de l'action, la possession, la localisation, etc. La marque du cas est l'ajout de certaines particules affixes, constituées de lettres ou de mots. D'autres affixes forment les temps passé, présent ou futur, des verbes réguliers et irréguliers, ainsi que la tournure négative. Le tibétain possède également un vocabulaire étendu des formes de politesse (l'honorifique) des noms et des verbes, employés dans les conversations d'un niveau de langue soutenu, pour s'adresser à quelqu'un avec respect ; on se sert des mots ordinaires ou familiers lorsque l'on parle de soi, lorsqu'on s'adresse à des proches ou à ceux qui sont en situation inférieure, comme les enfants. Enfin, les écrits sacrés emploient des mots sanscrits et des calligraphies de style sanscrit.

1 Phonèmes vocaliques.

La grammaire tibétaine procure les bases d'un développement du langage en des formes spécialisées, littéraires ou artistiques. On utilise les niveaux supérieurs de la langue pour les débats philosophiques, les enseignements, la prière et les mantras du véhicule des tantras. Le rôle des prières et des mantras est de toucher la personne par le sacré et la pureté des mots eux-mêmes ; on considère que ces mots exceptionnels sont bénis par les saints qui les ont écrits, comme par tous ceux qui les ont récités dans le passé avec une grande dévotion et une grande clarté d'esprit. Quiconque récite ces phrases et ces mots en ressent directement le sens – même sans savoir pourquoi. La récitation de paroles sacrées, réservées aux moments de prière et de méditation, est reliée à l'inspiration et à la transmission, aspects majeurs du bouddhisme tantrique. Les mantras sont particulièrement significatifs : il est enseigné qu'ils possèdent le formidable pouvoir de mettre directement en synergie l'existence physique de la personne, l'esprit, et l'univers. Ces mots ont un effet profond si le secret de leur pouvoir est transmis et compris correctement. Le mantra est le point d'orgue du langage, où le monde relatif exprime d'une manière extraordinaire l'esprit ultime.

L'une des sciences du langage revêt une importance cruciale dans le système bouddhiste du Tibet : il s'agit de la sémantique. Le terme tibétain est *ngœun-jeu* ; il peut se traduire plus littéralement par "l'étude des noms" [1], mais cela ne rend pas bien la profondeur ni l'exactitude de cette science. De fait, le nom que l'on donne à une chose est, par définition, un son organisé, un mot, grâce auquel on peut connaître ou décrire cette chose.

1 Littéralt., *ngœun* signifie "non caché" ; cela désigne une mise en évidence, une mise en lumière. *Jeu* est le verbe "dire".

Or le système tibétain distingue ce qu'on appelle des noms de première génération, des noms de seconde génération, etc. Un nom de première génération est le premier vocable simple associé à ce à quoi on se réfère, par exemple: pierre, arbre, ciel... On ne peut pas savoir comment ces dénominations ont été octroyées, sauf quand, pour un mot donné, il est possible de retracer l'histoire du sens et de l'origine. "L'origine des mots" constitue une science à part entière qui correspond à l'étymologie en linguistique. L'origine des noms de seconde génération se révèle clairement par la façon dont on a utilisé les mots, comme dans la locution "cœur de pierre". Il existe bien d'autres termes et combinaisons de termes, qui ont recours à des modes d'expression beaucoup plus élaborés du sens.

N'importe quel mot simple peut avoir de nombreux équivalents qui en expriment le sens à différents niveaux, depuis le langage courant jusqu'aux genres littéraires que sont la scolastique ou la poésie la plus raffinée. Voici quelques exemples tirés du tibétain. La lune se dit *dawa*, un nom simple de première génération. Un nom de seconde génération sera: "la souveraine de la nuit" ; et un autre: "celle qui répand une fraîche lumière", par contraste avec le soleil, *nyima*, qui est appelé "celui qui répand une chaude lumière". La lune est encore: "la réflexion du soleil". Ce type de noms complexes (périphrases, etc.) s'emploie spécifiquement en poésie afin de rendre la langue esthétique et précise. Cependant, même des discours et des œuvres littéraires ordinaires demandent de recourir à des expressions composées de plus d'un seul nom, pour l'exposition des idées et pour une communication qui remplisse pleinement son rôle; en effet, il faut traduire toutes les fines distinctions des domaines spécifiques du langage et toutes les nuances de sentiment, d'état d'esprit ou de climat que souhaite exprimer l'écrivain ou l'orateur. Beaucoup de manuels de sémantique tibétaine sont comparables à des thésaurus, car ils présentent les nombreux équivalents ou synonymes de chaque mot simple.

D'autres ouvrages traitent de la stylistique. Par exemple, le style d'un texte originel est différent de celui du commentaire. Le Kangyour est le recueil tibétain de tous les enseignements que le Bouddha a donnés à ses disciples, les soutras, que l'on considère comme l'authentique parole du Bouddha. Le Tèngyour est, quant à lui, le recueil des commentaires sur les soutras originels du Kangyour. En matière de style, les traités du Tèngyour diffèrent des écritures du Kangyour.

Voici, extrait du *Punyabala-avadaana-sutra*[1], dans le Kangyour, un exemple des paroles exactes prononcées par le Bouddha sur la générosité :

> Les dons ne doivent pas être faits négligemment,
> ni avec attachement ;
> Ils ne doivent pas non plus être motivés par le désir
> de mérite.
>
> Pour apporter un réel bienfait,
> Il faut donner avec conscience et discernement.[1]

Un autre exemple tiré du Kangyour est l'enseignement suivant, donné, à sa requête, au Seigneur Brahma :

> "Brahma, quoi que tu désires, fais-en la requête au Transcendant ; en raison même de ta requête, je satisferai

1 *Punyabala-avadaana-sutra*, in le Kangyour, bibliothèque de Rumtek, vol. 76, p. 3.

ton esprit." Alors, parce que le Bouddha était ouvert et parce qu'il lui présentait cette occasion, Brahma, le seigneur de l'univers incommensurable, supplia le Bouddha en disant: "Vénérable, Transcendant, Grand Compatissant, vous qui êtes le plus grand parmi les grands êtres de l'éveil, qu'est-ce qui apporte rapidement l'éveil parfait? Et combien de qualités parfaites faut-il parachever afin de parvenir à l'éveil?" Le Bouddha, ainsi qu'il lui était demandé, répondit ceci à Brahma, le seigneur de l'univers incommensurable: "Brahma, si les plus grands des grands êtres de l'éveil ont complètement parachevé une qualité, ils parachèveront et feront s'épanouir la plus pure, la plus entière réalisation."[1]

Un autre enseignement en réponse à une requête, circonstance courante dans les soutras, est celui qui fut donné, en une occasion, à une villageoise âgée. Elle avait demandé d'où provenaient la mort, la vieillesse, la vie, et les agrégats[2]. Le Bouddha lui répondit ceci:

> Sœur, la naissance ne vient de nulle part, la vieillesse ne vient de nulle part; elles ne vont nulle part. La maladie ne vient de nulle part, elle ne va non plus nulle part. Sœur, la forme ne vient de nulle part, les sensations et les perceptions, de même que tous les mouvements de la volonté et les consciences, tout cela ne vient de nulle part et ne va nulle part.

1 *Arya-brahma-paripriccha-nama-mahayana-sutra*, in le Kangyour, bibliothèque de Rumtek, vol. 59, p. 5.

2 Les cinq agrégats (sct. *skandha*) de l'expérience: formes, sensations, conceptions, réactions, consciences.

La répétition dans le discours est une des particularités de style des soutras. Le Bouddha poursuit son explication :

> Sœur, il en est ainsi : le petit bois qui sert à faire jaillir une étincelle, joint à l'effort des hommes, donne naissance au feu. Ce feu brûlera aussi des herbes et des arbres ; cependant, privé de telles causes, il s'éteindra.[1]

Les extraits du Kangyour qui vont suivre relèvent d'un tout autre genre littéraire. Il s'agit d'exemples tirés des écritures des tantras, qui sont de nature ésotérique. Ces passages ont un style délibérément hermétique et emploient un vocabulaire spécial nommé "langage vajra". Pour les comprendre correctement, les instructions d'un enseignant qualifié sont indispensables.

> La Princesse-Vajra de l'Espace[2], la grande félicité, la plus grande joie que l'œil puisse contempler, etc., tout cela est vide ; par conséquent, la nature de tout cela est la vacuité. Une fois que vous le verrez sans pensées, toute entrave disparaîtra. C'est de la nature de l'espace. Tout est de la nature de l'espace, de l'esprit. Lorsque l'on aura médité ainsi sans entraves, l'état libre de pensées sera pleinement advenu. Le glorieux Héros Vajra, le Vénérable, le Transcendant déclare cela.[3]

---

1 *Arya-mahalalika-paripriccha-nama-mahayana-sutra*, in le Kangyour, bibliothèque de Rumtek, vol. 59, p. 621.

2 Sct. *Vajra Dakini*. Dakini de la famille Vajra. Voir note 42 et se référer à la *Petite Encyclopédie des divinités et symboles du bouddhisme tibétain*, Tcheuky Sèngué, Éditions Claire Lumière, Saint-Cannat, 2002.

3 *Vajra-daka-nama-uttara-tantra*, in le Kangyour, bibliothèque de Rumtek, vol. 78, p. 251.

Un chapitre comportant un seul paragraphe, extrait du même ouvrage, est d'un style encore plus symbolique :

> J'enseignerai aussi d'autres points, de façon à ce que les six princes de l'espace[1] soient pleinement compris. Quand ils sont unis aux six princesses de l'espace[2], à tous les points de pouvoir du corps est une syllabe. La première est sur la poitrine, la seconde à la tête, la troisième doit être attribuée au sommet de la tête et la quatrième est située sur l'épaule, que revêt l'armure. Les yeux sont la cinquième ; la sixième est mentionnée pour tout. De la sublime Princesse-Vajra de l'Espace, cela constitue le quatrième chapitre.

Voici un exemple d'instruction pour la pratique, *la Profonde Instruction du soleil et de la lune* :

> Droite et gauche se meuvent de concert selon un sens naturel. Le canal subtil de gauche commence aux fosses nasales et va jusqu'au niveau du nombril, où il entre dans le centre du corps ; dans le canal lunaire, descendant, les voyelles de la lune s'écoulent sans cesse purement. Le canal de droite s'élève depuis le nombril pour aboutir aux fosses nasales ; dans le canal solaire, ascendant, les consonnes du soleil s'écoulent sans cesse des deux portes que sont les narines. Les caractéristiques de la circulation dans les deux canaux sont les suivantes : le gauche est le

1 Sct. *daka*, tib. *khandro*. Littéralt. : "celui qui évolue dans l'espace" (celui dont le domaine est l'espace).

2 Sct. *dakini*, tib. *khandroma*. Littéralt. : "celle qui évolue dans l'espace" (celle dont le domaine est l'espace).

> chemin afférent, le droit est le chemin efférent. Le jour s'étend de l'aube au crépuscule ; la nuit, du crépuscule à l'aube. Jour et nuit sont distincts.[1]

On considère l'emploi d'un langage symbolique aussi peu conventionnel comme le mode d'expression le plus direct et le plus libre de dualité. Ces extraits donnent une idée de la raison pour laquelle il est impératif d'avoir une lignée de transmission ininterrompue qui puisse éclairer la signification de tels passages.

Le vinaya regroupe les enseignements sur la conduite éthique des moines et des moniales ; il contient des recommandations sur la façon de préserver les divers engagements. Voici un premier exemple du style du Tèngyour ; c'est un verset tiré du *Vinaya-karika*, il traite de la nature du vol.

> Se servir des vêtements d'autrui comme s'ils vous étaient donnés,
> Se servir de substances chargées de pouvoir ou jeter des sorts afin d'obtenir ce que vous voulez,
> Se servir de ce qu'il y a de meilleur quand vous avez à choisir,
> Prendre ce qui n'est pas donné même si c'est pour le donner à un autre, tout cela est du vol.[2]

Suivent deux autres exemples de recommandations concernant les moines (ici, il s'agit de règles spécifiques des novices) ; le premier porte sur le vœu de ne pas tuer.

1 *Shri-maha-samvarodaya-tantra-raja*, in le Kangyour, bibliothèque de Rumtek, vol. 78, p. 53.

2 *Vinaya-karika*, in le Tèngyour, bibliothèque de Rumtek, vol. 166, p. 192.

> Pour qui est sain d'esprit, une fois qu'il a pris le vœu de novice,
> S'il tue délibérément un homme avec pleine connaissance de l'acte, en se donnant la peine de l'accomplir,
> Sauf dans le cas où la victime ne décède pas, ou bien si cela s'est produit en rêve,
>
> Le vœu de cette personne qui ôte la vie est complètement brisé.[1]

Le second porte sur les substances toxiques psychoactives.

> Des boissons alcoolisées fabriquées avec des fruits ou autre,
> Tels le vin de la vigne, l'alcool de canne à sucre, ou encore l'alcool distillé à partir de céréales broyées,
> De toutes ces causes d'intoxication éthylique,
> On ne doit rien consommer, pas même la quantité d'une goutte de rosée sur un brin d'herbe.[2]

L'exemple suivant, tiré de la phénoménologie bouddhiste, fait partie du commentaire sur les paroles du Bouddha. Le thème en est l'attention.

> Qui trouve sa joie dans la quiétude, de jour comme de nuit,
> Ce disciple de Gautama

1 *Arya-mula-sarvastivadi-shramanera-karika*, in le Tèngyour, bibliothèque de Rumtek, vol. 59, p. 125.

2 Ibid., p. 138.

> Veillera agréablement
> Jusqu'à s'éveiller.[1]

On découvre un style différent dans le commentaire ci-dessous, qui traite du désir et de l'attachement.

> Le désir est la cause principale du cycle des existences. L'absence de désir, c'est lorsque le désir a été annihilé. Le désir est absent parce que tout instinct de désir a été détruit, également parce que détruire ces tendances instinctives c'est détruire à la racine les liens du cycle des existences. Il est dit que si l'on a détruit l'attachement, c'est cela, l'absence de désir. La circonstance qui produit l'attachement, c'est le désir ; mais il n'y a rien à quoi s'attacher dans le cycle des existences, excepté l'éthique, la vue et l'abnégation.[2]

Voici un extrait portant sur le chemin :

> Le dernier degré signifie une fin du cycle des existences. En avoir une connaissance juste signifie ne pas faire d'erreur de compréhension. Ce niveau de compréhension va révéler l'au-delà de la souffrance où subsistent encore des résidus des agrégats. Ensuite, grâce à la connaissance de l'ultime, on sera libéré : ce sera la fin de toutes les existences. Si l'on n'a pas cette connaissance de l'ultime, on ne sera pas libéré. Ceci est la définition de l'atteinte

1 "Veillera" se réfère à l'esprit alerte, à la vigilance. *Udanvarga*, in le Tèngyour, bibliothèque de Rumtek, vol. 148, p. 30.

2 Ibid., p. 230.

de la fin de l'existence; la libération sans résidu des agrégats est l'atteinte de l'autre rive, parce que, grâce au moyen employé, nous avons traversé l'océan du cycle des existences, lequel englobe toute existence en mode duel.[1]

Un autre exemple est tiré d'une forme particulière des écritures des tantras, un *dharani* (sct.) ; les dharanis sont constitués de longs mantras auxquels s'ajoute un bref commentaire sur leur emploi, comme celui-ci :

La pluie tombe et ruisselle.
L'eau vive de la montagne
Lave le sol des pollutions, à l'image de ce mantra.
Qui le voit ou le récite
Sera purifié de ses souillures.[2]

Il est peut-être assez malaisé de le ressentir dans des traductions, mais comparé à celui des commentaires, le style des soutras est beaucoup plus direct et exhale la force de ce qui fait autorité.

Des règles strictes de la langue régissent ses modalités d'application pour chaque situation. Ayant passé des années à étudier et à mémoriser les ouvrages de grammaire, l'étudiant devient un écrivain doté de maturité qui utilise toujours ces manuels comme référence et moyen de perfectionner encore l'art du langage. Les textes de base de la grammaire sont

1 Ibid., p. 401.

2 "Souillures" se réfère aux affects. *Samantamukha-pravesha-rashmi-vimaloshnisha-prabhasa-sarvatathagata-hridaya-samayavilokita-nama-dharani*, in le Tèngyour, bibliothèque de Rumtek, vol. 90.

le Soumchoupa et *le Takjoukpa*, de Theunmi Sambhota, et le commentaire de Sitou Cheukyi Joung Né, *le Sitou-Soumtak.*

L'organisation des connaissances en systèmes hautement structurés, incluant la grammaire, la lexicologie, la sémantique et la poésie, permet à l'étudiant non seulement de découvrir le lien entre vérité relative du langage et vérité ultime du son, mais aussi d'être bénéfique à autrui par le don d'une communication limpide. Grâce à une application impeccable des règles de la langue, le maître gagnera lui-même un plus grand accomplissement et, de ce fait, communiquera aux autres, et stimulera en eux, un tel accomplissement. Le langage est une discipline importante dès lors que l'on prend en considération son articulation dans l'interconnexion du corps, de la parole et de l'esprit : il est alors une façon de relier harmonieusement le corps, la parole et l'esprit, et d'utiliser leur capacité expressive pour le bien de tous ceux avec lesquels on entre en contact. Ainsi l'art du langage n'est-il pas seulement nécessaire à la poésie et aux disciplines de la scolastique, il l'est également à l'expression quotidienne de la bonté et du souci d'autrui, où il devient le véhicule de notre compassion et de notre sagesse croissantes.

- 2 -

POÉSIE

La beauté du mot
est l'ornement du sens.

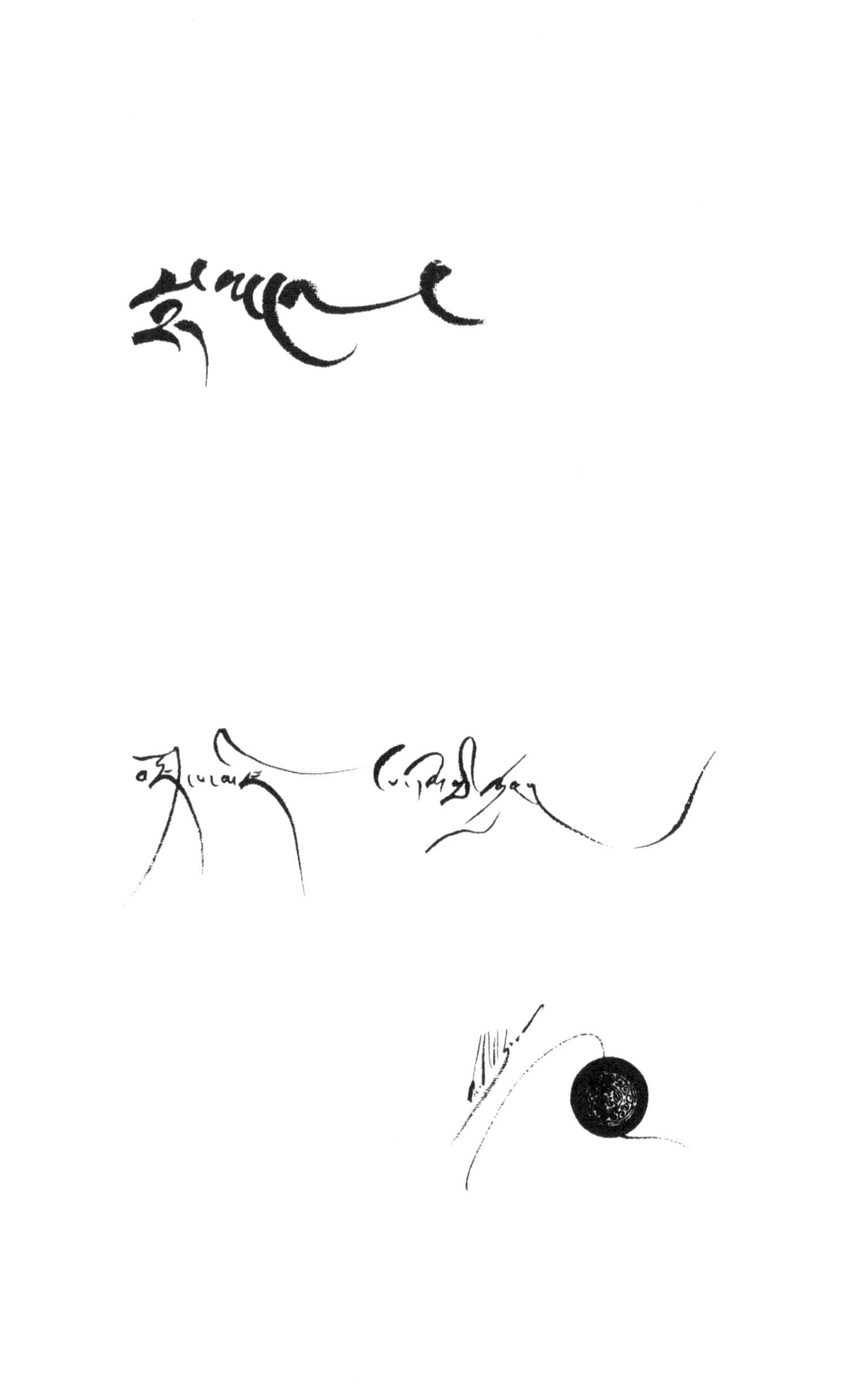

[illegible]

[illegible]

[illegible]

La connaissance de la sémantique est essentielle à l'étude et à l'exercice de la poésie. On choisit des noms descriptifs selon leur beauté et leur pouvoir évocateur, pour les marier aux autres composantes poétiques et les harmoniser au son tel qu'il est utilisé dans l'expression d'une idée.

En poésie, il faut synchroniser justesse du sens et du son ; l'écriture ne doit pas présenter de rudesse, mais s'écouler sans heurt, sans la rupture de dissonances. Deux sons discordants ne peuvent être prononcés ensemble avec fluidité et beauté ; les associer serait transformer en une expérience désagréable ce qui est censé donner plaisir et inspiration. Bien sûr, il arrive que le poète s'efforce délibérément de produire cet effet déplaisant ; toutefois, on ne fait généralement pas cela dans l'école tibétaine de poésie, qui préconise des moyens d'expression élégants y compris pour les états d'esprit désagréables tels que la tristesse ou la colère. Quand on le lit, le poème parfait synchronise le son et le sens d'une manière aussi naturelle que spontanée. Cette harmonie sonore commence dès le niveau de l'accord fondamental entre les lettres, qui forment, ainsi que cela a été exposé au chapitre précédent, la base de la grammaire. Sur cette assise se bâtit la poésie.

D'une façon générale, un poème est constitué des éléments suivants : le sujet principal, l'ornementation du sujet, l'orientation du sujet et l'action du sujet. Le sujet est semblable à quelqu'un au début de sa vie : chacun vient au monde nu. On donne alors un nom à cette forme dépouillée, on l'habille, on lui procure des soins de beauté, on la pare d'ornements et on accroît sa richesse en qualités grâce à différents types d'études. Au bout du compte, cette personne raffinée et cultivée devra accomplir quelque chose, sinon toute cette préparation serait un gâchis. Chacun a certaines inclinations. Ces tendances déterminent l'approche personnelle du travail et de l'étude, comme du monde en général, et génèrent la motivation individuelle : chaque vie possède un sens qui lui est propre ; il en va de même du poème.

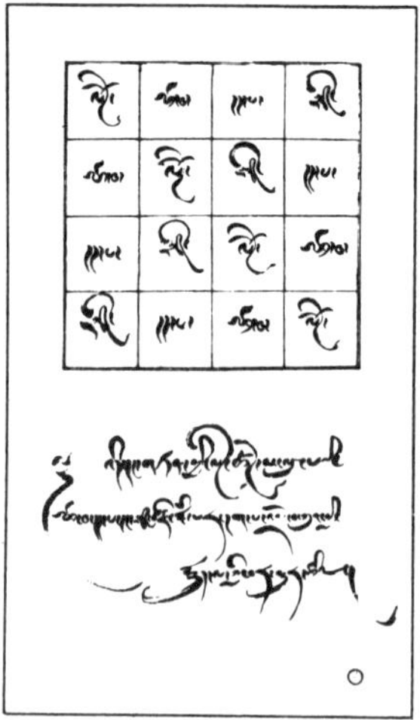

Poème entrecroisé (voir p. 143)

Puissent les racines de tout bien,
La bonté aimante et la compassion,
Pousser dans le terreau du cœur pur
De tous les êtres, maintenant et toujours.

Illustrant l'un des talents poétiques de la tradition tibétaine, ce quatrain disposé en grille est un palindrome : il se lit horizontalement comme verticalement, de gauche à droite comme de droite à gauche, de haut en bas comme de bas en haut.

L'ornement d'une idée simple doit être pertinent et aller dans le sens de ce que, précisément, on souhaite exprimer. Il faut développer de la compétence pour des descriptions du sujet sans ornementation, aussi bien que pour des descriptions du sujet recourant à une ornementation complète. Que ces ornements portent sur des nuances de couleur, de ressenti ou d'action, le poète doit être capable d'avoir une écriture fluide. En vue de ce résultat, la méthode d'apprentissage consiste à se familiariser avec les règles de la poésie, puis à les appliquer encore et encore.

Il existe de nombreux types de poèmes, depuis les formes les plus sobres jusqu'aux formes descriptives au style ornemental et hautement symbolique. Les règles de la poésie définissent la manière d'écrire en adoptant des perspectives, des styles et des méthodes descriptives multiples : ce sont des conventions, sur lesquelles on peut ensuite improviser. Si vous voulez décrire un perroquet très simplement, grâce à une définition sans ornementation, vous direz par exemple que son bec est rouge et courbe, que ses ailes sont vertes et flexibles, que sa gorge présente trois stries et qu'il émet un son puissant. Ici, vous ne diriez pas que le perroquet possède un bec de corail et des ailes de jade, qu'il porte trois colliers de rubis à son col et qu'il converse aimablement… ce serait une description ornementale.

Un poète peut choisir d'axer son poème sur la seule narration de l'action :

> Quand le grondement du tonnerre annonce l'ondée,
> Le cri du paon s'élève jusqu'à l'horizon.
> Des villageois courent aux prés,
> Ramassent le linge sec et le rentrent à la maison.

Ici, il n'y a pas de définition, seulement de l'action. L'objectif est d'exprimer cette action. Un poète peut également exprimer des qualités, celles du Bouddha par exemple :

Rien ne vient limiter ses capacités ;
Ce qu'il a atteint est l'ultime but,
Sa réalisation ne déclinera jamais,
Sa compréhension est au-delà de toute finitude.

En poésie, un aspect majeur est celui de la "tonalité esthétique". C'est un système ancien d'affinement de l'expression, qu'exposent des textes sanscrits ; il concerne l'ensemble des arts, en particulier ceux qui relèvent du son[1]. Le système tibétain donne une liste de huit tonalités, ou saveurs : héroïque, courroucée, humoristique, triste, effrayante, repoussante, paisible et glorieuse. Les activités fondamentales des grandes forces universelles procurent le matériau du traitement poétique. En effet, partout, ce qui inspire les poètes, c'est le jeu infini de la création : épanouissement, enrichissement, destruction et résorption.

Lorsqu'il apprend cet art, l'étudiant écrit des poèmes suivant chacune des règles, qu'il choisit parmi les centaines que compte la poésie. Une règle possède des sous-catégories nommées "caractéristiques". Les poèmes ci-dessous observent les conventions indiquées par les textes. C'est en composant de cette façon que l'étudiant apprend toutes les méthodes de l'expression classique.

1 Le français ne dispose pas d'un terme commun aux différents arts. Pour une œuvre littéraire, on parle de *tonalité* ou de *registre*, des termes empruntés au lexique musical ; en musique, on parle généralement de *couleur* ou de *caractère*.

Le premier poème est conforme à la seconde caractéristique de la règle douze. Selon cette caractéristique, qui se nomme “complète compréhension”, quel que soit le thème élu, ce doit être un sujet que l'on comprenne entièrement ; ici, on exige du poète qu'il fasse toutes les assertions possibles afin de rendre le poème limpide, captivant et esthétique. Le poète démontre alors son entière connaissance du sujet en composant dix ou vingt poèmes. L'exemple ci-dessous porte sur la Libératrice. Il est écrit depuis le point de vue “complète compréhension *sans recours à l'esprit*”, au sens où cela ne doit pas se rapporter à l'esprit mais aux choses de la nature : on ne fait appel qu'à des éléments naturels pour atteindre l'objectif que l'on s'est fixé. La Libératrice est le sublime être de l'éveil personnifiant l'aspect féminin de la compassion. C'est l'une des divinités les plus populaires du Tibet ; on trouve des statues d'elle en tous lieux, dans les temples comme dans les foyers.

Sept grands yeux d'une beauté exquise
Eclipsés par la fleur, près de l'oreille éclose :
Les sept yeux de la Libératrice
Paraissent tous envier l'outpala [1].

Le poème ci-dessous suit la règle treize, laquelle présente seize combinaisons de caractéristiques. Il est écrit du point de vue de la cause, la quinzième caractéristique. Il joue sur l'assertion d'une prémisse fondamentalement erronée, qui peut aussi être perçue comme correcte si on la considère depuis un angle différant de la perspective habituelle.

1 L'outpala est une fleur de couleur bleue, fréquente dans les descriptions poétiques.

Ô érudit, quand votre puissante intelligence
Fait resplendir les cent mille soleils de sa brillance,
Sous son effet, le lotus des esprits ignorants
Semble se fermer complètement.

Le poème suivant est écrit conformément à la quatrième caractéristique de la première règle : "expression sobre et directe des qualités". Il porte sur la peur.

Feu dans le ciel implacablement pur,
La dague de Jouvence Vajra[1].
A cette seule pensée, les émissaires du mal
Voient les armes leur tomber des mains.

Pour décrire quelque chose, le poème ci-dessous a recours à l'évocation de ce qui paraît opposé (association d'éléments antinomiques) ; ici, il s'agit de qualités féminines rehaussant la description d'un grand guerrier. C'est un exemple de la caractéristique "illustration ornementale".

Héros insurpassable, héros universel,
A l'instant où vous affrontez votre puissant adversaire,
D'une tendre jeune fille vous possédez la grâce
Et votre arc chantonne comme le tamboura[2]
de la déesse.

Le poème qui suit est conforme à la caractéristique "expression sobre et directe" et représente *dzé*, la règle subsidiaire numéro quatre qui concerne la description des attributs. Il

1 Jouvence Vajra *ou* Dague Vajra (sct. *Vajrakumara* ou *Vajrakilaya*), une divinité dont la dague est un attribut symbolique.

2 Instrument à cordes de la musique indienne dont on joue de façon à produire un bourdon, fond sonore pour le chant ou les autres instruments.

porte sur Douce Gloire, l'être de l'éveil personnifiant la sagesse et la connaissance. Dans l'iconographie tibétaine, les divinités possèdent presque toujours des attributs qui permettent de les identifier ; d'autres éléments leur sont également associés. Les principaux attributs de Douce Gloire sont un livre[1] de la connaissance et une épée flamboyante dressée vers le ciel, du côté droit. Le poème ci-dessous a trait à sa forme à quatre bras, qui tient aussi un arc dans une main gauche.

> Brandie au-dessus d'innombrables livres de l'enseignement,
> L'épée tranchant le doute à la racine ;
> Qui possède l'arc et la flèche soumet les quatre démons[2] ;
> Accordez l'augure favorable, Ô suprême Seigneur
> de la Sagesse !

Le poème ci-dessous est un autre exemple de "l'illustration ornementale". Il suit la règle subsidiaire numéro seize, qui concerne les poèmes recourant à des comparaisons impropres. "Le seigneur aux sept chevaux" est une des périphrases désignant le soleil.

> Le seigneur aux sept chevaux, aussi glorieux soit-il,
> n'est pas un libérateur,
> Et le plus fort des héros peut être défait, dans la bataille livrée aux défauts intérieurs[3].

1 Il s'agit d'un exemplaire de *la Prajnaparamita*, où est exposée la perfection de la *connaissance supérieure* (sct. *prajna*).

2 Les quatre démons (sct. *mara*) sont quatre catégories de difficultés rencontrées sur le chemin : les affects, l'impermanence (les agrégats), la mort et une forme de l'attachement.

3 "Défauts intérieurs" se réfère aux affects.

Du détenteur du lignage des saints, du Seigneur
de la Libération,
Il n'est point d'objet de comparaison.

Vient ensuite un poème fondé sur le mélange délibéré d'images différentes, ici, des images masculines et féminines. C'est une application de "l'illustration ornementale" dans la quatrième caractéristique de la règle subsidiaire numéro deux, qui a recours à un rapprochement d'éléments contrastés. Le poème s'inspire de l'épopée hindoue *le Ramayana*, dont le héros est Rama. "Ravissants sourcils" est une expression poétique évocatrice de la beauté d'une déesse.

L'éclat du visage de Ravissants Sourcils
Eblouit les mille yeux du divin roi.
Le regard du coin de l'œil, lorsqu'elle sourit,
Est pareil à la flèche de Rama.

Les deux poèmes suivants sont composés selon la règle cinq, "métaphore filée". La poésie écrite en ayant cette règle à l'esprit combine des éléments symboliques d'une manière particulière ; on emploie différents sens d'un mot pour créer une image jouant sur plusieurs niveaux. Le premier poème porte sur le cycle des existences, lequel se perpétue de lui-même : la flûte y est à la fois instrument de musique et symbole de la substantialité et de l'éternité apparentes du cycle.

Merveilleusement suave, la flûte joue
les mélodies illusoires.
Lorsqu'elle se fait entendre, sa virtuosité

Excelle à duper l'esprit le plus fort.
Pourquoi donc, faire jouer éternellement
le divertissement de la mondanité?

Le dernier poème suit également la règle cinq, avec une légère divergence de perspective montrant le résultat identique de deux manifestations différentes des phénomènes. Il porte lui aussi sur la nature trompeuse du cycle des existences.

Fondement de l'éphémère et du versatile,
Objet d'illusion pour tous les êtres,
Ce souriant lotus, pleinement épanoui,
De même que le plaisir mondain qui l'accompagne,
est trompeur.

Ce genre de poésie vient d'un dur travail et de l'expérience acquise en composant de nombreux types de poèmes. Certaines formes poétiques très complexes ont une structure entrecroisée; leur création demande une grande virtuosité et beaucoup de concentration. L'une de ces formes, particulièrement intéressante, est celle des poèmes-palindromes en diagrammes, disposés en grille: ils se lisent dans tous les sens sans perdre leur signification (de gauche à droite et de droite à gauche, de bas en haut et de haut en bas). La poésie n'est pas quelque chose qui se passe des fondations d'une discipline et que l'on imagine soudainement quand on n'a rien de mieux à faire. Il faut s'y adonner sérieusement. Les textes de base sur la poésie contiennent environ deux cent quatre-vingts axiomes, mais ce ne sont là que les principes fondamentaux. La deuxième règle, à elle seule, compte trente-deux combinaisons majeures, quatre combinaisons secondaires et soixante-cinq exemples spécifiques: on doit étudier tout cela et faire de nombreux exercices d'application.

C'est en s'entraînant que l'étudiant cultive la capacité d'exprimer exactement ce qui doit l'être et rien de plus, rien de moins. Un bon maître de cet art dira au débutant que la poésie est en tout, qu'elle n'a ni commencement ni fin, qu'elle est sans limites; il lui dira que la seule raison d'apprendre les règles et de les suivre, c'est de développer la capacité d'explorer cette infinitude. Les règles sont des balises donnant au poète une idée de ce qu'est la poésie, mais la finalité est d'apprécier la poésie inhérente à toutes les manifestations de l'univers, pour l'exprimer spontanément. Quelqu'un a demandé un jour: "Pourquoi est-il nécessaire d'apprendre deux cent quatre-vingts axiomes afin d'être spontané?" La réponse est la suivante: "Parce que nous ne sommes pas spontanés". Quand on a étudié les règles et que l'on est passé maître dans leur application, alors on est en mesure d'improviser de la pure poésie en toute liberté et en toute spontanéité. Un vrai poète n'ira jamais à l'encontre des règles, parce qu'il ne peut aller en ce sens: ces principes sont partie intégrante de la nature d'un poète. C'est comparable à la randonnée; une fois rompu à la marche en terrain accidenté, on le fait automatiquement, on saute de rocher en rocher sans même y penser et sans trébucher. De cette manière, la poésie est l'interaction du corps, de la parole et de l'esprit avec l'univers. C'est le monde relatif jouant avec l'esprit ultime.

- 3 -

ARTS DU SPECTACLE

De la virtuosité de l'esprit et du corps
Procèdent les prodiges du son et de la forme.

Il est un domaine de la connaissance qui combine son et mouvement, c'est celui des arts du spectacle[1]. Ils mettent en jeu le verbe, la gestuelle, la danse et la musique. Leur objectif est de communiquer une idée par les modes physiques d'expression que sont la voix et les mouvements corporels.

Un spectacle est susceptible de s'appuyer sur une création originale ou sur une œuvre classique, ou encore de constituer une expressivité spontanée, exécutée selon les règles de l'art. La propriété spécifique des arts dramatiques est de pouvoir communiquer beaucoup de choses en un temps réduit, comme les événements significatifs d'une vie entière ou tout un pan de l'histoire. Cependant, ils ne se limitent pas à des œuvres biographiques, à des légendes, ni à des tranches temporelles définies. Ils ont la capacité de décrire aussi bien un millier d'années qu'un seul après-midi et de mettre en scène des situations imaginaires qui ne pourraient se produire dans la réalité. Ainsi, faits mondains, fictions et vérités profondes sont autant de thèmes possibles.

Les arts du spectacle incluent la danse ; celle du Protecteur[2] est l'exemple d'une danse exécutée au sein d'une cérémonie dans les monastères. C'est une danse sacrée, ce qui relève

1 Tib. *deu-gar*. *Deu* signifie "chanter, réciter" ; *gar* signifie "mouvement".

2 Il s'agit de *Mahakala* (sct.).

d'une branche d'études distincte des danses profanes, bien que de nombreux principes soient similaires. On accomplit la danse du Protecteur pour diverses raisons, la première étant la méditation. Le danseur médite conformément à la pratique du Protecteur telle qu'elle est décrite dans la liturgie et représente en dansant des parties bien précises du rituel. Les danseurs sont toujours des moines.

Le Protecteur est la personnification courroucée de la compassion. Le but de toute cérémonie de prières adressées au Protecteur est de surmonter d'une façon très puissante les affects et la négativité. Dans l'assistance, certains connaissent les prières et sont des pratiquants avancés ; ils participent en se joignant par l'esprit au danseur, qui “joue” la pratique grâce à l'art du geste, de la danse et du chant. D'autres parmi les laïcs n'ont pas la capacité de suivre le rituel mais participent eux aussi en recevant la bénédiction de la cérémonie, qui les aide à surmonter leurs obstacles ; même s'ils ne peuvent accomplir la méditation proprement dite, du simple fait d'y prendre part avec l'attitude qui convient, ils obtiennent effectivement la protection. Ce type d'office religieux bénit également l'environnement, le transformant en mandala du Protecteur. Le terme “mandala” désigne ici l'espace, purifié et protégé, de la divinité ; la danse définit cet espace de manière très vivante pour ceux qui officient, pour ceux qui dansent et pour les spectateurs.

La danse sacrée exige une formidable préparation. En règle générale, le maître de danse est quelqu'un qui a passé sa vie à perfectionner cet art. Atteindre l'excellence demande des années. Les moines danseurs apprennent une chorégraphie de mouvements et de gestes, qui doit être synchronisée, tout au long de la célébration de l'office, avec les autres éléments : la musique, les récitations et les chants, la signification et la visualisation. Les danseurs suivent de près le texte du rituel, qui provient des écrits portant sur la pratique, que sont les *tantras*. Les différentes phases de la chorégraphie et les diverses figures de danse ont évolué d'une façon spécifique au sein de chaque grand monastère où l'on pratique le tantra du Protecteur ; chacun possède sa propre tradition d'interprétation. Les costumes sont créés d'après la description donnée dans les textes et dans la documentation iconographique tibétaine classique. Que ce soient les différentes robes de brocart et leurs diverses couleurs, les masques faits main des protecteurs, des animaux et des autres personnages visualisés au cours du rituel, ou tous les attributs symboliques employés, rien n'est réalisé au petit bonheur, chaque chose est fidèle à une tradition religieuse et artistique séculaire.

La danse du Protecteur dans son ensemble comprend diverses danses successives, qui constituent autant de scènes. La séquence des différentes scènes et la chorégraphie des pas de danse de chacune sont conformes à ce qui est indiqué par le texte. La première danse prépare l'environnement grâce à une consécration du sol, du lieu, et invite le Grand Protecteur ; elle est exécutée par le maître de danse en personne, revêtant le "costume au couvre-chef noir" du pratiquant des tantras. La suivante est une scène d'accueil, qui représente l'arrivée théâtrale du Protecteur et de son entourage. Ici apparaissent, portant des masques et costumés de brocarts vivement colorés, les personnages du Protecteur et de la Protectrice, accompagnés des protecteurs secondaires et des animaux de leur suite. Puis vient une danse où le Protecteur terrasse les négativités et les obstacles, figurés par une petite effigie que les danseurs détruisent symboliquement au moyen d'objets rituels ; ces derniers représentent des armes qui sont les attributs spécifiques du Protecteur. Après cette victoire sur les affects, la visualisation se dissout dans la vacuité. La scène suivante est une danse d'offrande, en remerciement aux protecteurs. La scène finale est une danse de louange et d'hommage rendant gloire au Protecteur.

Le programme global des festivités de la danse du Protecteur inclut souvent d'autres spectacles, par exemple la danse des Maîtres des cimetières, celle des Divinités des quatre points cardinaux, celle du Cerf et des animaux sacrés, ou encore, les danses de divers autres protecteurs. Quoique la représentation varie souvent selon la tradition de tel ou tel monastère, la liturgie de base reste la même.

La danse sacrée fonctionne simultanément sur plusieurs plans ; elle utilise le mouvement, la musique, la couleur, le temps et l'espace, pour jouer une pièce de théâtre au niveau physique, tout en comportant une pratique profonde et subtile au niveau de l'esprit. Elle est un des moyens de joindre le corps, la parole et l'esprit, afin d'exprimer et d'expérimenter la vérité ultime. L'essence de sa pratique réside dans la coordination de la méditation (l'entraînement de l'esprit) et du monde au niveau physique.

La danse profane est elle aussi de grande valeur. La façon dont elle touche l'assistance différera en fonction du genre auquel elle appartient et de son style de musique. Au Tibet et au Bhoutan, les laïcs exécutent souvent certaines danses profanes dont les thèmes, en rapport avec des histoires bouddhistes, sont parfois semblables à ceux des danses monastiques ; d'autres danses se relient à l'épopée de Guésar de Ling, un roi légendaire dont les exploits merveilleux forment par ailleurs le sujet de nombreux chants tibétains.

Plusieurs conditions doivent être réunies afin qu'un artiste du spectacle devienne un maître expert. Comme dans les autres domaines de la connaissance, il faut beaucoup d'effort et de talent pour atteindre l'excellence. Tout le monde a le potentiel de manifester quelque dextérité ; néanmoins, en raison de la causalité et de limitations telles que la durée de la vie, certaines capacités d'une personne s'épanouiront plus facilement que d'autres. Si quelqu'un possède la grâce physique ainsi qu'un don pour le mime et le théâtre, la danse, ou le chant, il y a de fortes chances que se développe une grande habileté dans les arts du spectacle. Le temps que cela prendra dépend des capacités naturelles de l'élève, de la difficulté du sujet étudié et du savoir de l'enseignant. En vue de tirer le meilleur parti d'un talent, le mieux est de travailler sous la direction d'un professeur expérimenté. Un maître qui a assimilé la sagesse de centaines d'artistes exceptionnels du passé offre à l'élève la possibilité de recueillir un bénéfice optimum des efforts fournis ; cela réduit le risque de perdre du temps. Dans les monastères, le maître de danse est souvent quelqu'un de très âgé, qui danse et étudie les traditions de cet art depuis sa prime jeunesse ; il a probablement passé la majeure partie de son existence à entraîner des élèves danseurs. Le maître de danse du monastère de Pelpoung, qui a aujourd'hui environ quatre-vingts ans[1], est toujours très agile ! Les communautés monastiques ont un grand respect pour ces vénérables détenteurs des lignées de la danse, car ils sont la riche ressource de l'art traditionnel.

1 Le texte a été écrit en 1992.

Les arts du spectacle incluent également la musique. Il y a très longtemps qu'on la cultive comme moyen de parvenir au son parfait, d'en faire l'expérience et de le transmettre. La musique s'est développée tout particulièrement en Inde, d'où sont originaires les textes sanscrits sur le sujet qui furent ensuite traduits en tibétain. Voici, illustrant le pouvoir et le raffinement atteints par le jeu musical, une histoire sur le musicien légendaire Tan Sèn, qui vécut pendant le règne de l'empereur indien Akbar de la dynastie Mughal. En musique, de même que dans les autres champs de la connaissance, les éléments et leurs interactions sont très importants. Aussi prête-t-on beaucoup d'attention à la saison où l'on se trouve, à l'instant de la journée, etc., parce que ces conditions sont en correspondance avec les éléments. Certaines mélodies anciennes, les "ragas", évoquent les propriétés des éléments et sont réservées à des moments spéciaux.

L'empereur Akbar fit un jour appeler Tan Sèn à la cour pour qu'il démontre sa maîtrise de la musique. On prépara la grande salle de réception en disposant tout autour des lampes à huile, sans les allumer. Le maître fut prié de jouer une mélodie des lampes[1], qui est évocatrice de l'élément feu. Il s'exécuta avec une telle maestria que sa musique alluma toutes les lampes. L'histoire raconte que, tandis qu'il continuait à jouer, il commença à s'embraser lui aussi en raison de la chaleur. On ne parvint à sauver Tan Sèn que grâce à sa femme, également une grande virtuose; elle se mit à chanter une mélodie de la mousson qui fit pleuvoir. Ce récit nous montre le niveau, extrêmement élevé, auquel le musicien peut commander les éléments et exprimer le son parfait.

1 *Raga dipaka* (sct.).

En Inde, la musique est utilisée depuis fort longtemps pour induire certains ressentis, les mêmes précisément qu'en poésie. Le but supérieur de cet art est de produire, par le son, un effet bénéfique au niveau du corps et de l'esprit. Le son parfait possède le pouvoir de générer une atmosphère parfaite, au sein de laquelle peut apparaître l'instant parfait. Selon la profondeur de l'esprit de l'auditeur et selon celle de la musique, l'instant parfait se manifestera comme profondément significatif ou comme ordinaire. Chaque son crée un environnement et touche à divers degrés tous ceux qui s'y trouvent.

La musique est un langage universel. Elle communique avec tous les êtres à différents niveaux simultanément, jusqu'au point où elle connecte le monde relatif et l'esprit ultime. Le musicien accompli possède la capacité d'exprimer tout ce qui est accordé au moment, de telle sorte que la musique ait le puissant effet souhaité. En Occident ou en Orient, ceux qui écoutent de la musique font l'expérience, surtout lorsque joue un grand artiste, de ce quelque chose de très spécial qui se produit. Même dans le cas d'une musique ordinaire exécutée par des musiciens pleins de talent, le son peut influer spectaculairement sur le ressenti de l'auditoire ; cette expérience ordinaire donne un aperçu du potentiel profond que possède cet art, car elle laisse imaginer quel serait l'impact, si ce que nous considérons comme un son parfait était encore perfectionné, affiné, plusieurs fois… des centaines de fois.

Les arts dramatiques et la danse joignent le son au mouvement en toute adéquation, étant donné que le son est produit par le mouvement, qu'il en est l'expression. Ils ont de formidables effets sur l'assistance quand les artistes jouent et dansent à la perfection. Ces arts ne se confinent pas à la scène ou à la télévision ; chaque action de notre vie – dont nous sommes les acteurs – relève de ce domaine. Les moindres choses que nous faisons sont interconnectées avec tous et tout, en une représentation magistrale unique. Nous avons tous l'occasion et la capacité de cultiver la maîtrise de ce jeu, grâce à notre implication créative dans la vie quotidienne. En affinant nos paroles, nos gestes et nos actions (par lesquels nous modelons notre environnement et l'atmosphère où nous vivons), nous développerons dans notre existence une prestation impeccable. Ainsi chacun deviendra maître de sa vie… et sa vie sera un chef-d'œuvre.

- 4 -

ASTROLOGIE ET SITOLOGIE

Rares sont ceux qui perçoivent la réalité flagrante
de l'interdépendance,
Mais la précision permet d'épanouir notre compréhension.

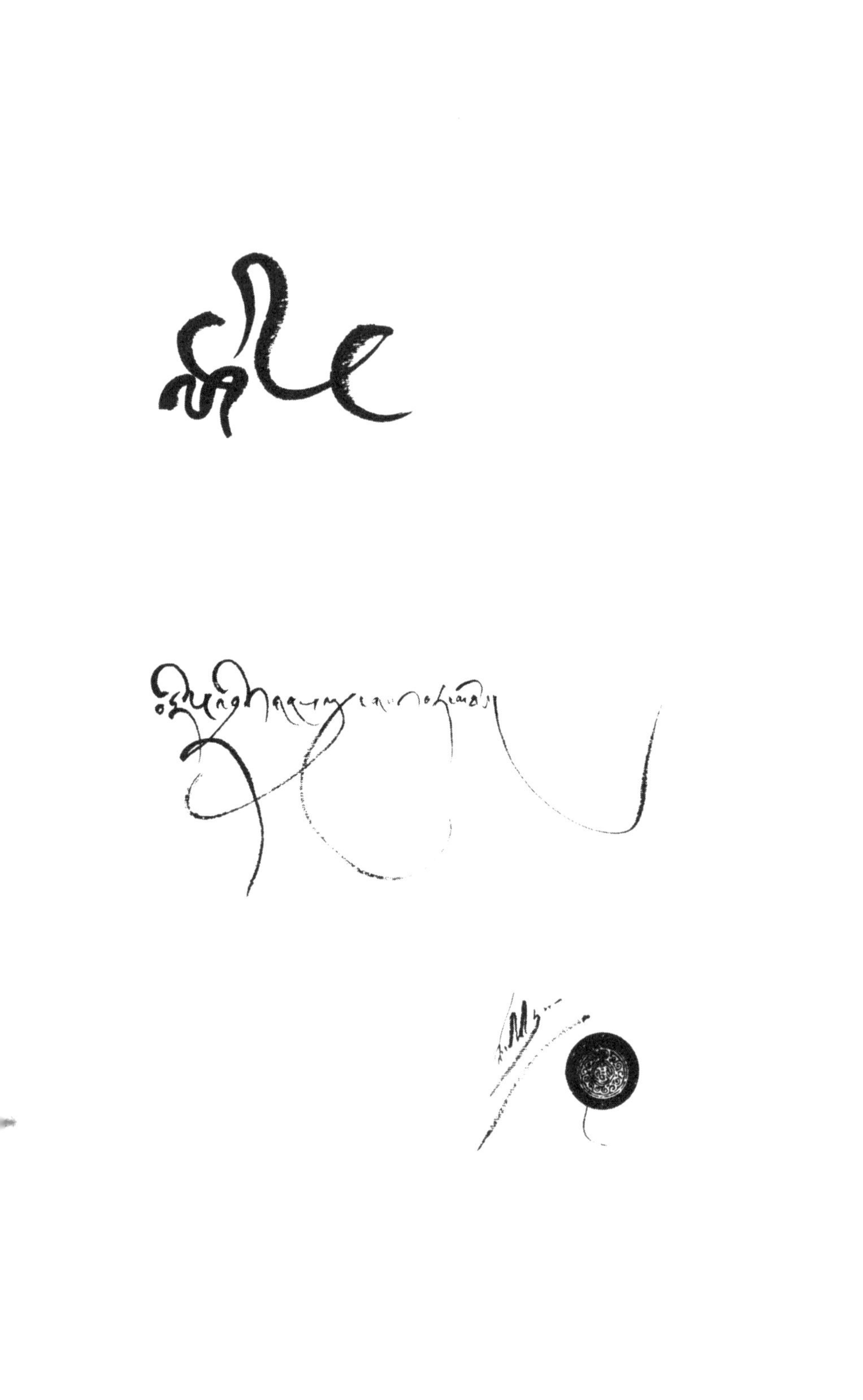

[illegible]

[illegible]

[illegible]

Il est encore un domaine de la connaissance qui relève du son et de l'expression, c'est celui que l'on connaît globalement sous le nom d'astrologie. En fait, ce champ du savoir inclut aussi les mathématiques et la sitologie[1] tibétaine. Ces sciences appliquées utilisent les éléments et les lois de la nature afin d'expliquer les circonstances de l'existence, ce qui permettra de trouver la meilleure façon de s'y adapter et d'en retirer quelque chose de profitable. Ces connaissances sont précieuses pour améliorer des situations qui influent sur l'état physique et sur l'état psychique.

ASTROLOGIE

Le principe fondamental de l'astrologie est que la plus infime chose de l'univers traverse les mêmes processus que la plus grande ; les mêmes règles régissent le microcosme et le macrocosme. Une action au niveau de l'un reflète une action au niveau de l'autre. Ce qui nous touche au quotidien reflète ce qui joue aussi à l'échelle de l'univers. Dans le monde relatif, nous pouvons faire l'observation que quelque chose d'infime, comme une graine, a la capacité de croître en quelque chose de grand, comme un séquoia. On voit que ce qui est petit peut se développer en ce qui est grand, qu'un enfant peut devenir un adulte. La science a montré que l'intégralité des instructions

1 Etude des sites (*le Petit Robert*).

pour le développement complet de l'être humain est inscrite dès la première cellule à la conception. Au niveau de l'esprit ultime cependant, il n'y a ni petit ni grand, ni développé ni non développé, même si, paradoxalement, toute chose, jusqu'à la plus infime, a un effet sur l'univers. L'astrologie représente une part significative de la connaissance ; une fois qu'on l'aura comprise, on sera en mesure de l'appliquer dans de nombreuses circonstances.

Les mathématiques détiennent aussi une clé du secret de tous les êtres, car c'est par elles qu'il est possible de retrouver les mécanismes de l'univers. Elles constituent les fondations de l'astrologie comme de la sitologie. Elles sont une science si avancée que celui qui possède cette connaissance, qui a du temps à y consacrer et la motivation nécessaire, peut prendre un événement actuel et remonter à travers l'entrelacs de toutes les causes et conditions qui l'ont généré, jusqu'à son origine temporelle. On peut aussi déterminer des causes, des conditions et des événements futurs, en ayant recours aux mathématiques pour dépister l'avenir depuis l'instant présent jusqu'à l'infini. Ce jeu des causes, des conditions et des événements, c'est ce que le bouddhisme nomme "karma". Au niveau individuel, le karma est ce qui résulte des actes d'une personne ; quoique l'on expérimente parfois ces résultats dans la vic où les actes ont été commis, ils vont souvent se manifester en tant que causes et conditions dans des vies futures. Les actions bénéfiques produisent des causes et des conditions favorables ("le bon karma") telles que la santé, la fortune, etc. Les actions nuisibles quant à elles, créent des causes et des conditions négatives ("le mauvais karma") telles que la maladie et les autres sortes de difficultés.

Les calculs mathématiques et le principe de l'infime reflétant le vaste sont les clés permettant de comprendre le temps et la matière dans la science de l'astrologie : temps et matière sont interdépendants. Le temps inclut le passé, le présent et le futur. La matière inclut les éléments et les dix points de l'espace[1], lequel est considéré comme un élément. L'astrologie se sert de calculs pour effectuer des corrélations qui permettent de déterminer les causes, les résultats et les conditions spécifiques d'une situation donnée, car celles-ci sont reliées à des causes, des résultats et des conditions plus vastes et non spécifiques. De cette façon, on peut connaître le destin d'une personne, d'un pays, ou de la planète.

Il est une vieille histoire à propos d'un astrologue qui calculait son propre thème, quand il fut surpris de constater que cela indiquait sa mort imminente. Comme il était en bonne santé, il pensa qu'il avait commis quelque erreur. Il était en train de se nettoyer l'oreille avec un bâtonnet métallique tout en songeant qu'il allait refaire ses calculs, lorsque des jeunes lancèrent un ballon qui entra par la fenêtre et le heurta au bras ; la tige de métal se ficha jusque dans son cerveau, causant sa mort. Ce genre d'histoires a pour but de souligner à quel point l'astrologie peut être précise.

Il est important de saisir ce que signifie "destin", dans l'astrologie bouddhiste. Le destin est un processus et non une prédétermination figée. C'est pourquoi il est susceptible de changer. De plus, il est la raison pour laquelle quelque chose survient, car il est lié aux causes et aux conditions qui produisent automatiquement leur résultat. Le destin, au

1 Les dix points de l'espace sont les quatre points cardinaux, les quatre points collatéraux, le zénith et le nadir.

sens véritable, c'est la conjoncture où tout a lieu au moment adéquat: il n'est rien qui puisse se manifester tant que les causes et les conditions correspondantes, qui permettent à une chose donnée de se produire, ne sont pas présentes. Quand vous frottez une allumette, si elle est humide elle ne s'allumera pas. Une telle situation n'a rien de désespéré; elle dépend de causes et de conditions, ce qui est une fonction de la réalité relative dans le monde relatif. Si vous possédez la connaissance nécessaire, vous serez en mesure d'agir sur ces circonstances afin d'amener des effets plus satisfaisants. Des causes et des conditions données produisent un certain résultat, mais il est également vrai que tout peut arriver et qu'il n'y a pas de limites fixes. Il existe une variété illimitée de causes et de conditions. Tout peut advenir à tout moment et en tout endroit, dans le cadre de ces circonstances changeantes.

Il est utile de connaître les causes et les conditions convergentes indiquant le destin, parce que, très souvent, il sera possible d'intervenir pour contrebalancer les forces négatives qui produisent les difficultés. Etant donné que ces causes et conditions sont générées par nos propres actions, on peut aussi créer des causes et des conditions positives par la prière ou par les œuvres bénéfiques (protéger des êtres de toutes sortes d'atteintes et les sauver de la mort, donner aux nécessiteux, venir en aide aux malades…). Si l'on rencontre une situation sur laquelle il n'est pas possible d'influer, il s'avère utile de le savoir et d'en connaître les raisons: cela contribuera à faire naître compréhension et équanimité, nous rapprochant ainsi d'un réel équilibre en même temps que d'une véritable réalisation.

Dans l'astrologie tibétaine, chaque année comporte généralement douze mois lunaires. En ce qui concerne le mouvement apparent du Soleil par rapport au zodiaque, on représente l'année comme un horizon, au centre duquel s'élève le mont Mérou[1], et le parcours du Soleil comme une circonvolution autour du mont : le Soleil réside successivement, pendant 30 jours environ, dans un secteur particulier du ciel, nommé "maison"[2]. Le cinquième mois de l'année amène le Soleil à la verticale au-dessus du sommet de la montagne, aussi les jours sont-ils très longs. Durant le neuvième mois, le Soleil se trouve à son point le plus éloigné de la montagne, aussi les jours sont-ils courts. Chaque année ne débute pas nécessairement dans la même maison du Soleil ; pour déterminer quel est le premier signe zodiacal de l'année, on calcule le moment où une étoile donnée revient à sa position d'origine au bout de 360 jours (durée totale de l'année tibétaine de douze mois, différente de celle de l'année occidentale). Au lieu de recourir aux années bissextiles, le système tibétain insère un mois supplémentaire dans certaines années, à un intervalle déterminé par les calculs astrologiques, et cela rend compte de la même différence ; ce mois supplémentaire sera le doublet de l'un des douze mois, auquel il succédera, au lieu d'être rajouté au début ou à la fin

1 Dans la conception bouddhique de l'univers idéal, au centre s'élève le mont Mérou, entouré de sept chaînes de montagnes, de sept lacs principaux, de l'océan et des continents, tout cela étant éclairé par le Soleil et la Lune. Il y a aussi plusieurs étagements du relief, un palais principal et bien d'autres éléments. L'ensemble représente la totalité de l'existence phénoménale. On construisait parfois les anciens temples bouddhistes sur le plan de ce mandala de l'univers : c'est le cas du temple de Borobudur à Java, en Indonésie, de celui d'Angkor, au Cambodge, de la pagode de Shwe-Dagon à Yangon (ex-Rangoon), au Myanmar (ex-Birmanie) et du monastère de Samyé, au Tibet.

2 L'expression tibétaine *nyimai khyim* ("maison du Soleil") est la traduction du sct. *rashi* : "signe zodiacal" (cette partie de l'astrologie tibétaine est d'origine indienne). Les maisons du Soleil sont les signes du zodiaque ; elles ne correspondent pas aux maisons de l'astrologie occidentale, qui trouvent, quant à elles, une équivalence avec les "douze lieux" (tib. *némel chou-nyi*).

de l'année. Par exemple, on aura deux dixièmes mois, ou deux quatrièmes mois, selon le résultat des calculs.

Six des périodes de l'année correspondant aux maisons du Soleil sont masculines, six sont féminines. Les caractéristiques de chacune de ces maisons sont figurées par un symbole, le plus souvent identique à celui du zodiaque occidental : Vase, Poissons, Bélier, Taureau, Couple, Crabe, Lion, Vierge, Balance, Scorpion, Arc, Chimère Marine[1].

Les années sont également organisées en cycles de douze ans[2] dans lesquels chacune est marquée d'une influence que l'on représente par un animal : tigre, dragon, cheval, singe, chien, souris, lapin, serpent, mouton, oiseau, cochon et bœuf ; les animaux sont aussi associés à chaque mois de l'année, en qualité de sous-attributs. On joint à l'animal de l'année un élément et un genre (masculin ou féminin) particuliers, ceci ayant pour conséquence la combinaison des cycles de douze ans en cycles de soixante ans.

Les jours de la semaine sont placés sous l'influence du Soleil et des planètes, l'attribution de ces dernières aux jours étant la même que dans l'astrologie occidentale. Le système tibétain nomme les jours d'après les planètes (plutôt que d'après des dieux) : le dimanche est nommé *za nyima*, d'après le Soleil ; le lundi, d'après la Lune, *za dawa* ; le mardi, d'après Mars, *za migmar*[3], etc. A l'instar de leurs homologues chinois, les astrologues tibétains accordent de l'importance à la position de

1 Le Couple (sct. *Mithuna*, tib. *Thripa*), l'Arc (sct. *Dhanus*, tib. *Shou*) et la Chimère Marine (sct. *Makara*, tib. *Chou-Sin*) correspondent respectivement aux Gémeaux, au Sagittaire et au Capricorne. Le signe et la constellation de la Chimère Marine tiennent ce nom d'un animal mythique dont le corps composite emprunte à différentes espèces.

2 Cycle de douze ans : tib. *lokhor chou-nyi* (ici commence la partie de l'astrologie tibétaine qui est d'origine chinoise et beun).

3 *Migmar* : Mars, la Planète Rouge (littéralt. "Œil Rouge").

certaines étoiles en plus de celle des planètes proches, lors de l'établissement des thèmes et de leurs interprétations.

L'interaction des éléments[1] est largement prise en compte dans toutes les déterminations et tous les calculs astrologiques. A cette fin, on associe une valeur numérique à chaque élément. Les calculs qui indiquent quels sont les moments propices ou dangereux pour telle ou telle entreprise sont précis au jour et à la minute près. Afin de déterminer à quel degré les jours sont, ou non, favorables, on se sert des neuf "marques de couleur"[2] au sein desquelles se combinent un chiffre, une couleur et un élément.

Tableau 1. Les neuf marques de couleur

1	blanc	métal
2	noir	eau
3	bleu	eau
4	vert	bois
5	jaune	terre
6	blanc	métal
7	rouge	feu
8	blanc	métal
9	rouge	feu

On inscrit les neuf marques de couleur sur une grille, le "carré magique", à une place déterminée par des calculs[3]. Leurs différentes positions sur le carré reflètent les diverses influences

1 Les éléments tels qu'ils sont présentés dans la tradition indienne : terre, eau, air (ou vent), feu, espace. Les éléments selon la tradition chinoise : terre, eau, bois, feu, métal.

2 Tib. *méwa*. L'expression "marque de couleur" désigne aussi bien l'une des marques que chacun des diagrammes particuliers résultant de l'agencement des neuf marques sur un carré magique.

3 Les chiffres représentant les neuf marques de couleur sont disposés sous la forme d'un carré magique de base trois, c'est-à-dire de telle sorte que leur addition donne toujours la somme de 15, horizontalement, verticalement et en diagonale. L'astrologue calcule le "diagramme des marques de couleur" de l'année, du mois et du jour, en déplaçant les neuf marques sur le carré magique selon un tracé déterminé (l'addition des chiffres, dans les différents diagrammes, donnant toujours 15). On prend également en compte le diagramme natal d'une personne.

qui se combinent positivement ou négativement. Les années noires sont celles que l'on considère comme porteuses de mauvais augures ; elles surviennent quand les influences, en s'additionnant, deviennent nuisibles. Cela n'arrive que les années du serpent, du tigre, du singe ou du cochon, et seulement lorsque, d'après le calcul des influences de l'année, le numéro 2 tombe sur le centre du carré magique. Les marques de couleur sont aussi employées pour prévoir les tendances positives ou négatives dominantes dans la vie de quelqu'un : on les calcule sur la base de la date de naissance ; cette façon de les utiliser rappelle le système des biorythmes en vogue en Occident.

Le carré magique indique également les points cardinaux et collatéraux, et ceci en fonction de leurs affinités zodiacales et élémentaires. La zone attribuée à chacun des points cardinaux est divisée en deux parties, supérieure et inférieure. Pour l'est, la partie supérieure est tigre, la partie inférieure est lapin ; leur nature est le bois. Au sud, la partie supérieure est serpent, la partie inférieure est cheval ; leur nature est le feu. A l'ouest, la partie supérieure est singe, la partie inférieure est oiseau ; leur nature est le métal. Pour le nord, la partie supérieure est cochon, la partie inférieure est souris ; leur nature est l'eau. En ce qui concerne les points collatéraux, le sud-est est dragon, sa nature est la terre. Le sud-ouest est mouton, sa nature est la terre. Le nord-ouest est chien, sa nature est la terre. Le nord-est est bœuf, sa nature est la terre. On utilise aussi ces indications afin de déterminer les jours qui présentent de bons ou de mauvais auspices pour les activités envisagées.

Comprendre les effets des éléments de base de la nature est une façon simple d'approcher la philosophie qui sous-tend l'astrologie ; ce n'est qu'un des aspects de cette science dans laquelle bien d'autres facteurs interviennent, mais il donne une certaine idée de la manière dont elle fonctionne. Voici comment interagissent les éléments : on considère que les trois plus agréables combinaisons sont la terre et la terre, l'eau et l'eau, ainsi que la terre et l'eau. Les textes indiquent que lorsque la terre s'associe à la terre, il y aura plus de stabilité. Si l'on entreprend quelque chose aux moments où la terre et la terre sont à l'unisson, ce que l'on parvient à accomplir ne rencontrera pas d'obstacle ; cela ne signifie pas nécessairement que tout sera réalisé, mais que ce qui le sera, possédera la stabilité. Cette conjonction est particulièrement propice pour la construction d'une maison ou pour tout ce qui doit durer longtemps. L'eau associée à l'eau constitue aussi une bonne combinaison. Quand l'eau et l'eau se rencontrent, elles se mêlent harmonieusement. Ce type de contact, de connexion, crée l'unité et l'inséparabilité ; elle est bénéfique à la force, à la dignité, et permet d'éviter les disharmonies. Pour le médecin, c'est un moment propice à la fabrication de ses médicaments. Il est favorable également de célébrer un mariage les jours où l'eau rencontre l'eau. La troisième bonne combinaison est celle de la terre et de l'eau, car ces deux éléments sont mutuellement bénéfiques ; lorsque l'eau se joint à la terre, elle est absorbée par celle-ci et lui confère de la force. Quand l'eau et la terre sont conjointes, le bonheur durera. Cette combinaison signale des moments propices à l'activité créatrice, par exemple, la confection de vêtements ou toutes sortes de festivals et de célébrations.

Puis viennent les trois associations stables d'éléments : le feu et le feu, l'air et l'air, ainsi que le feu et l'air. Les textes indiquent que la combinaison du feu avec le feu redouble la puissance. Pour en donner une image, on dit que si un feu atteint un mètre et demi en hauteur et que l'on ajoute un autre feu, ensemble ils peuvent atteindre trois mètres. Il est écrit qu'un jour de feu double, vous rencontrerez le succès quelle que soit la tâche que vous entrepreniez. C'est un moment excellent pour fonder une affaire ou une œuvre caritative et, tout particulièrement, pour lancer des projets difficiles à réaliser. La combinaison suivante, de l'air avec l'air, est également stable. Les textes indiquent que cela accroît la puissance, de la même façon qu'un ouragan se forme et s'intensifie lorsque plusieurs masses d'air, provenant de différents points cardinaux, se rencontrent et combinent leurs forces. L'association de l'air et de l'air signifie vitesse. Cet aspect est favorable à ce qui doit être accompli sur-le-champ, ou avec une grande célérité, ainsi qu'aux déplacements : vous pouvez prendre la route un jour où il y a cette conjonction, ou prendre la route avec quelqu'un de ce type comme compagnon de voyage. Cette influence étant également propice à la reproduction du bétail, ce sera un jour parfait pour l'éleveur nomade qui souhaite mettre des animaux en contact. La dernière des combinaisons stables est celle du feu et de l'air. Les textes indiquent que le feu associé à l'air développe ou étend la puissance. C'est comparable à ce qui se passerait si un lion et un tigre devenaient compères : il y aurait entre eux une amitié puissante, pleine de force. Cette combinaison de bon augure provoque la survenue de certaines choses, qui se produisent d'elles-mêmes, tout simplement. On peut nommer cet aspect "la combinaison de la chance" ; il n'est pas nécessairement d'ordre pratique, mais apporte inopinément un résultat positif. Il représente un moment propice pour faire ce qui requiert du pouvoir, une bonne situation pour commencer quelque chose. C'est l'étincelle de vos entreprises.

Viennent ensuite les combinaisons négatives du feu et de l'eau, de la terre et de l'air, de l'eau et de l'air, ainsi que de la terre et du feu. La plus défavorable est celle du feu et de l'eau, qui s'opposent et entrent en conflit. D'après les textes, cette combinaison est la mort. Cet aspect n'est indiqué que pour des activités négatives, comme, par exemple, la guerre. La terre et l'air, quant à eux, ne sont pas totalement opposés, mais ils ne fonctionnent pas bien ensemble ; ils n'ont aucun domaine de complémentarité. Là où ils s'associent, les choses deviennent très poussiéreuses et déplaisantes. Par conséquent, l'effet de cette combinaison est le gaspillage. Si l'on commence une affaire ou quelque autre entreprise sous cette influence, cela tournera mal. Dans le cas d'un commerce, il y a toutes les chances pour qu'un maximum d'argent soit dépensé et un minimum engrangé. Ce n'est pas non plus un moment propice à la construction ni à l'achat d'une nouvelle maison. La troisième combinaison contre-indiquée est celle de l'eau et de l'air. Ces éléments ne fonctionnent pas bien ensemble, ils ne sont pas complémentaires. Cet aspect est néfaste aux relations amicales, favorisant la médisance, la tromperie, etc. Si c'est le genre d'activité négative souhaitée, alors ce que l'on entreprend ces jours-là réussira parfaitement ; dans le cas contraire, il vaut mieux éviter les moments où s'exerce cette influence. La dernière combinaison défavorable est celle de la terre et du feu. Les textes indiquent que cette association d'éléments brûle de manière destructive, qu'elle crée du stress, met sous pression, provoque la souffrance. Aussi est-ce un mauvais aspect pour se faire de nouveaux amis, cultiver les amitiés déjà existantes, ou accomplir tout ce qui implique une coopération des personnes.

On symbolise également les relations entre éléments grâce aux références suivantes : mère, fils, ami, ennemi. Par exemple, le métal "utilise" le bois, comme dans le cas d'un manche de hache, aussi le bois est-il l'ami du métal ; cependant, puisqu'il coupe le bois, le métal est son ennemi. En ce qui concerne l'eau et le feu : d'un côté, l'eau utilise le feu pour chauffer, mais d'un autre côté, l'eau éteint le feu ; aussi le feu est-il l'ami de l'eau, tandis que l'eau est l'ennemie du feu.

Tableau 2. Relations entre éléments

La mère de l'eau est le métal	L'ami du bois est la terre
La mère du métal est la terre	L'ami de la terre est l'eau
La mère de la terre est le feu	L'ami de l'eau est le feu
La mère du feu est le bois	L'ami du feu est le métal
La mère du bois est l'eau	L'ami du métal est le bois
Le fils du bois est le feu	L'ennemi du bois est le métal
Le fils du feu est la terre	L'ennemi du métal est le feu
Le fils de la terre est le métal	L'ennemi du feu est l'eau
Le fils du métal est l'eau	L'ennemi de l'eau est la terre
Le fils de l'eau est le bois	L'ennemi de la terre est le bois

L'astrologie tibétaine a également recours au système des trigrammes[1] (proche du *Yi King*[2] chinois). Les huit trigrammes constituent une représentation des éléments, des points cardinaux et collatéraux, des saisons et des forces universelles fondamentales. Comme ceux du système chinois, les trigrammes du système tibétain sont figurés par la triple combinaison de lignes continues et de lignes discontinues. La signification de

1 Tib. *parkha* (du chin. *pakoua*).

2 *Le Livre des transformations.*

ces deux lignes est celle des deux forces fondamentales, sur le mode duel, du monde relatif : le principe créatif, fort, masculin (yang), se combine au principe réceptif, malléable, féminin (yin), pour créer l'infinité de phénomènes du monde relatif. La sagesse et les moyens adroits du yang, unis à la compassion du yin, engendrent des manifestations situées à deux doigts de la réalisation complète, et en même temps très ordinaires. Ces principes ne sont pas en conflit ; quoiqu'ils paraissent opposés, ils sont complémentaires et forment un tout, à la façon dont la lumière et l'obscurité (deux de leurs expressions) se définissent l'une l'autre et sont indissociables.

Les trigrammes décrivent le monde relatif, avec ses lois et ses cycles de changement où alternent des états d'harmonie et

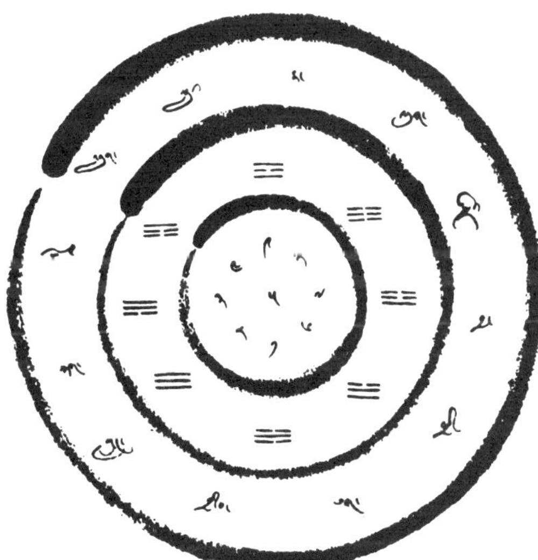

Ce diagramme représente, dans la disposition adéquate, les outils de travail de l'astrologue : le cycle des douze années, indiquées par le nom des animaux ; les trigrammes, symbolisant les éléments et leurs interactions ; enfin, les neuf marques de couleur, essentielles aux calculs précis relatifs à la journée.

de disharmonie. Ils reflètent l'ordre naturel, les effets du vent, de l'eau, du feu, de la terre, et les variations saisonnières. Tous ces principes s'appliquent de surcroît à d'autres niveaux et sont ainsi les indicateurs de vérités plus profondes.

Tableau 3. Les trigrammes

Trigrammes	Symboles, propriétés, points cardinaux et collatéraux
☰ *le créateur*	ciel, force, soleil, cheval, sagesse, connaissance, tête, père, jade, métal, froid, dureté, fruits des arbres, rouge sombre, nord-ouest.
☷ *le réceptif*	terre, malléable, dévotion, compassion, ombre, vache, souplesse, quiétude, ventre, mère, étoffe, jaune, sud-ouest.
☳ *le tonnerre*	mouvement, éveilleur, dragon ; ce qui se déploie, s'étend ou se répand ; pied, fils aîné, décision, application de la force, jaune foncé, printemps, est.
☴ *le vent*	ce qui est pénétrant, douceur, bois, cuisse, fille aînée, lignes directives, travail, longueur, hauteur, avance et retraite, indécision, blanc, sud-est.
☵ *l'eau*	danger, cochon, oreilles, fossé, embuscade, fils cadet, recourber et redresser, mélancolie, cœurs en peine, sang, lune, rouge, hiver, nord.
☶ *la montagne*	immobilité, repos, chien, main, doigts, benjamin, arrêt, chemin de contournement, petites pierres, portes et ouvertures, fruits et graines, nord-est.
☲ *le feu*	celui qui éclaire, dépendance, soleil, foudre, faisan, tortue, crabe, escargot, moule, œil, fille cadette, cuirasse ou cotte de mailles, casque, arme, sécheresse, été, sud.
☱ *le lac*	joie, plaisir, mouton, bouche et langue, benjamine, magicienne, écrasement et désagrégation ou brisure, concubine, automne, ouest.

Les trigrammes ont une signification similaire dans le système tibétain et dans le système chinois[1]. Cependant, les Tibétains s'en servent surtout pour les déterminations astrologiques, obtenues par des calculs, et en sitologie. Ils ne les utilisent pas comme méthode de divination, cette pratique chinoise qui se fait par le jet de bâtonnets ou de pièces de monnaie. Au Tibet, on attribue à chaque jour de l'année le symbole d'un trigramme. Ainsi, en fonction du jour de sa naissance, chacun reçoit l'influence d'un trigramme particulier. On peut aussi prévoir, grâce aux trigrammes quotidiens, des jours favorables ou défavorables. Par exemple, on considère qu'un jour correspondant au trigramme créateur est bon pour la plantation d'arbres, les fondations d'une maison, ou la décoration de quelque chose ; un jour placé sous l'influence du trigramme réceptif ne sera pas bon pour des fondations, mais le sera pour planter des arbres ou clôturer un terrain. On détermine aussi avec les trigrammes les jours favorables aux rituels. Un trigramme d'eau est propice pour faire des offrandes aux déités aquatiques ou accomplir des pratiques qui apportent la pluie ou la grêle, mais défavorable pour creuser des puits ou des canaux d'irrigation. Le jour où tombe le trigramme du vent est propice à la récitation de mantras, tandis que celui où tombe le trigramme de la montagne y est défavorable. Une grande partie de tout cela peut sembler arbitraire ; c'est difficile à comprendre si l'on ne possède pas la connaissance de l'interaction subtile des éléments ni celle des phénomènes naturels et sociaux, que symbolise chaque trigramme.

1 Le système chinois confère la même signification aux trigrammes, mais s'organise surtout sur la base d'hexagrammes. Bien que le système tibétain interprète la relation entre les trigrammes, cela ne constitue pas l'équivalent des hexagrammes chinois.

L'astrologue compétent ne s'en remet pas seulement aux calculs mathématiques pour établir les déterminations concernant une personne. Il examine également ses traits physiques, sa personnalité, sa santé, ses expressions, le timbre de sa voix, ses mains, son environnement; tout cela lui permettra de comprendre son destin. Notamment, si l'on étudie le site d'une maison en tenant compte de son emplacement spécifique, de sa date de construction et des autres caractéristiques principales, on saura en déduire de très nombreuses choses sur l'histoire de ses occupants et sur leurs destinées. Cette étude des sites n'est pas une science simpliste; un examen exhaustif et la compétence d'un expert sont indispensables à une compréhension avancée. Grâce à des calculs et à des observations dans le champ de l'abstrait et du concret, un maître de cette discipline peut déterminer tout ce qu'il veut savoir. Il comprend les causes, conditions, résultats et réactions de l'univers – depuis le niveau familier jusqu'au niveau cosmique – et sait les reconnaître.

SITOLOGIE

La sitologie tibétaine est une science ancienne, fondée sur les flux d'énergie et ayant trait à l'agencement de l'environnement. Cet art se nomme *sa-ché* en tibétain: "l'observation des lieux, des sites"[1]. Parmi les nombreuses façons de combler les besoins physiques et psychologiques de l'existence (confort et commodités, clarté, calme, sensation de sécurité), l'ajustement de notre environnement tient une place importante. Nous atteignons notre objectif grâce à l'art

1 En chinois, *feng-shui*.

de la sitologie, en écartant les circonstances environnementales qui entravent la sérénité de l'esprit ou du corps et en créant celles qui y mènent. Une bonne terre, une eau de qualité ainsi qu'un climat favorable permettent à la graine de croître et de se transformer en arbre puissant ou en fleur délicate ; mais si l'un de ces facteurs est insuffisant, ou vient à manquer, la croissance sera compromise. Les êtres reçoivent, de même, une influence de leur environnement et de l'atmosphère dans laquelle ils vivent. Ces facteurs environnementaux ont un effet sur la manière dont les personnes progressent.

L'environnement au sens large, à l'influence omniprésente, c'est l'univers. L'environnement nous apparaissant relativement proche, car accessible à nos perceptions sensorielles, c'est notre petit coin du monde avec ses montagnes, ses rivières, ses plaines, ses routes, ses constructions et les caractéristiques indissociables des points cardinaux. Le centre de l'environnement, c'est pour nous le lieu où nous nous trouvons, quel qu'il soit. L'environnement très proche, c'est notre foyer, notre habitation. Et finalement, l'environnement immédiat, c'est notre corps.

Nous ressentons les effets de l'emplacement de notre domicile, de la façon dont il a été construit, de l'occupation des pièces, comme des activités auxquelles on destine ces pièces. Les activités humaines relèvent toutes de deux catégories, l'activité et le repos. Dans la première, vous orientez votre énergie vers l'extérieur. Dans la seconde, vous vivez sur le mode subjectif, tourné vers l'intérieur. Lorsque vous êtes actif, vous êtes moins vulnérable qu'au repos. La vulnérabilité est maximale pendant le sommeil ; il serait plus facile de vous attaquer ou de profiter de vous quand vous dormez, plutôt qu'au moment où vous êtes éveillé et vigilant. Il faut noter qu'outre les actions d'autrui à votre encontre, il existe des formes subtiles d'énergie ayant aussi un effet sur vous : les énergies planétaires, l'énergie des pensées et des affects de ceux qui vous entourent, ainsi que les flux d'énergie de la Terre et de l'univers. Si vous habitez près d'une usine ou d'une centrale nucléaire, vous subirez les conséquences de l'énergie qu'elles génèrent dans l'environnement, de même que vous ressentiriez une influence, bien différente, si vous résidiez près d'une forêt ou d'un torrent de montagne à l'eau pure. Ces énergies subtiles ont moins d'incidence sur vous aux moments d'activité qu'à ceux de repos, et surtout, beaucoup moins que pendant votre sommeil. Les flux continuels d'énergie sont la raison pour laquelle l'emplacement de la maison est quelque chose d'important qui mérite réflexion.

Il faut le choisir en fonction de ces courants énergétiques. Les sites les plus propices sont ceux qui reçoivent des énergies environnementales bénéfiques et qui en tirent le meilleur profit. La situation de votre résidence peut avoir une influence favorable ou défavorable sur votre santé, vos affects, votre caractère, vos finances et vos relations familiales ; elle sera favorable ou défavorable selon que les alentours seront harmonieux ou discordants en termes de flux d'énergie. Cela joue sur la façon dont vous faites les choses et dont vous vivez votre vie.

Si vous jetez un regard sur le passé, sur les époques vécues dans différents endroits, vous remarquerez la manière dont votre environnement a été à l'origine de divers événements. Vous vous rendrez peut-être compte que certains lieux vous ont été plus favorables que d'autres. Les influences vitales ont de multiples facettes, et le fonctionnement de la loi de causalité est simple mais profond, car elle traverse la totalité du monde phénoménal. La sitologie étudie les influences et le mode opératoire des énergies environnementales, ainsi que les mesures à prendre pour améliorer les situations. On obtient ces résultats favorables en harmonisant les forces des lieux et en incorporant les forces environnementales invisibles à l'architecture des constructions aussi bien qu'à l'arrangement des paysages.

Les facteurs sitologiques n'influent pas seulement sur les situations individuelles, mais également sur celles des nations. Ils se reflètent dans l'histoire d'un pays, dans l'épanouissement, la durée et le déclin de leurs civilisations, dans leurs guerres et dans les autres aspects significatifs de leur développement. Par le seul examen de la géographie d'une contrée et sans autre connaissance du pays, le sitologue expert peut dire beaucoup de choses sur l'histoire passée et présente, comme sur les perspectives futures, de ses habitants. La science des sites est une méthode qui permet de découvrir pourquoi certains événements surviennent dans la vie d'un individu ou d'une nation et qui indique en outre comment remédier, pour le bien de tous, à une situation infortunée.

Le Stoupa du Grand Éveil, à Bodhgaya[1], est l'exemple d'un monument bien situé. Des collines l'entourent sur des centaines de kilomètres. Bodhgaya se trouve dans une cuvette au cœur de cette région, ce qui crée un réservoir d'énergie au centre duquel a été construit le stoupa. Son entrée donne à l'est ; l'arbre de l'éveil se tient sur son flanc ouest. Le stoupa s'élève

1 Lieu de l'Inde où Siddhartha Gautama, assis au pied d'un arbre pipal, atteignit l'éveil. Le Stoupa du Grand Éveil commémore cet événement.

au milieu de cet environnement pleinement équilibré. Tout cela indique qu'en dépit de hauts et de bas, le site demeurera toujours important. C'est ainsi que l'arbre de l'éveil a subi de nombreuses agressions, mais que certaines de ses parties ont subsisté et repoussé malgré les tentatives délibérées de destruction. On regarde le site du stoupa comme un lieu très fort et très stable, en ce sens qu'il n'est ni vulnérable ni exposé ; en vertu de ces qualités, il perdurera extrêmement longtemps.

Le Palais du Potala à Lhassa, au Tibet, offre un autre exemple d'arrangement sitologique puissant. On considère que le Potala est situé au centre d'un lotus dont les pétales sont les montagnes environnantes ; la petite colline qui s'élève au milieu de la vallée, et sur laquelle il est bâti, représente le cœur de la fleur. L'édifice est très bien proportionné. Il est plein sud, ce qui constitue la plus paisible orientation d'un bâtiment car la moins vulnérable aux influences astrologiques. Il est protégé en outre par sa situation, celle de cœur d'un lotus qu'abritent les pétales. Le Potala étant le plus grand édifice de la communauté urbaine de Lhassa, il domine toutes les autres constructions situées devant lui, plus basses : les bâtiments administratifs, les magasins, les maisons. Par conséquent, il possède la force d'un palais de gouvernement, un palais où le chef d'État vit et assume sa charge. Tous ces facteurs garantissent au Potala une très grande célébrité et un rayonnement extraordinaire, en dépit du fait qu'il connaîtra, lui aussi, beaucoup de vicissitudes. Pour que cet édifice fonctionne effectivement, il est indispensable que celui qui y demeure au titre de maître de maison soit quelqu'un d'une grande puissance spirituelle, doté d'une formidable énergie et de qualités exceptionnelles ; sinon, cette personne ne sera pas à même de survivre.

Un des plus parfaits exemples de sitologie est la Cité Interdite à Pékin. Si vous observez un plan ou une maquette de la Cité, vous verrez que tout y est équilibré, harmonieux, interconnecté. L'ensemble fait face au sud et tous les bâtiments importants sont placés au centre. La totalité de ce grand complexe est entourée d'eau, ce qui garde l'énergie à l'intérieur : l'eau s'écoule du sud à l'ouest et d'est en ouest, tout autour, de telle sorte que du côté ouest, elle protège complètement l'ensemble. La partie essentielle est au centre de l'édifice principal ; il s'agit de la Salle de l'Harmonie Suprême, dont le niveau est surbaissé comme celui d'un bassin. Derrière la Cité s'élève une chaîne de montagnes qui abrite tout le côté nord, tandis que le côté sud est beaucoup plus ouvert. L'emplacement de la Cité Interdite est le centre des reliefs naturels qui l'entourent sur des centaines de kilomètres. Il est en harmonie avec les chaînes de montagnes, le cours de la rivière et la direction du vent. La Cité elle-même a été bâtie selon les principes sitologiques les plus sophistiqués et les plus avancés. Elle demeurera un ensemble architectural important durant de nombreuses, de très nombreuses années, malgré des aléas. En matière de sitologie, aucun lieu ne peut se maintenir indéfiniment, chacun possède sa propre durée limite d'existence. Les textes indiquent que la longévité d'un édifice se compte, en fonction de la puissance de son site, en cycles de douze, de soixante, ou de trois cent soixante ans. La Cité Interdite relève assurément de ce dernier cas.

Maîtriser les mathématiques, l'astrologie et la sitologie peut se révéler précieux, non seulement pour celui qui en a fait sa spécialité, mais aussi pour les nombreuses personnes que conseille le maître. Il devient possible de transformer une situation qui nous dessert en une situation constructive. On atteint plus facilement la réalisation lorsque les obstacles ont été identifiés et écartés, ou leur nuisance neutralisée par le renforcement des influences environnementales bénéfiques. Ces sciences revêtent une importance qui devient de plus en plus évidente au fur et à mesure que l'on évolue ; elles sont une aide précieuse sur la voie de celui qui s'efforce d'intégrer réalité relative et réalité ultime tandis qu'il progresse vers la réalisation.

Troisième partie

LA CONNAISSANCE INTÉRIEURE

- 1 -

SCIENCE DE LA VÉRITÉ

Les deux vérités éclairent
L'assertion et la réfutation.

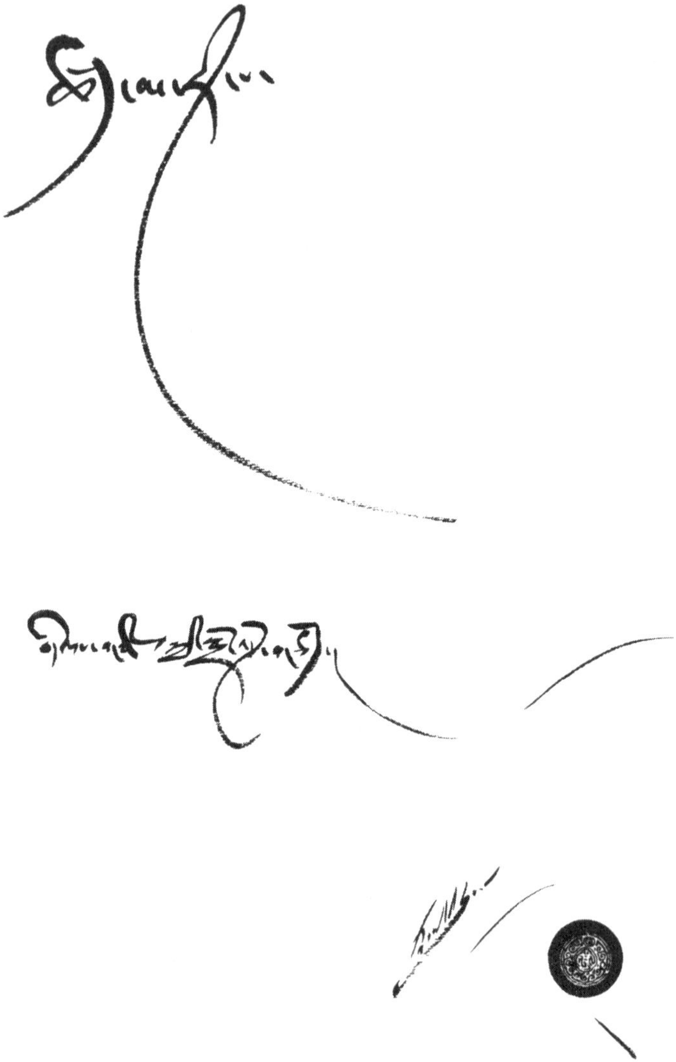

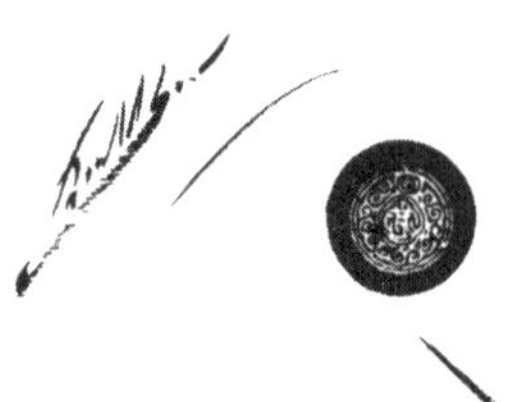

Il est une science qui constitue un domaine spécialisé de la vérité et dont l'application peut triompher des vues fausses et erreurs de compréhension. Cette méthode, qui se nomme *tséma* en tibétain, est destinée à prouver la validité de quelque chose grâce à des assertions vraies, des assertions justes : on peut arriver ainsi à la définition la plus correcte de toute chose. Sa précision et les moyens employés permettent de traduire *tséma* par "épistémologie" (champ incluant la logique), terme qui s'avère le plus proche équivalent français pour cette science de la vérité.

On peut tout expliquer selon une vue juste ou selon une vue fausse. Cette dernière peut paraître très plausible. Afin de s'assurer complètement de la justesse de ce qui est en question, on doit tester l'exactitude du raisonnement : l'explication juste sera exacte, tandis que l'explication fausse présentera des discordances[1]. Si l'on se donne autant de peine, c'est parce que tout ce qui sera pratiqué avec une compréhension erronée aura un résultat imparfait, voire nuisible, alors que tout ce qui sera pratiqué avec une compréhension juste aura un résultat bénéfique. Nous souhaitons évidemment les meilleurs résultats. Or, nous pouvons être induits en erreur aisément, en toute innocence ; c'est pourquoi il nous est nécessaire de construire une structure permettant d'éviter les vues nuisibles

1 Comportant des contradictions, elle sera incohérente.

et de développer une compréhension juste. On pourrait nommer cette méthode “bon sens supérieur”, car elle ressemble au bon sens, sans être aussi simple cependant. Elle en est un perfectionnement permettant de dissiper toute dénaturation de la vérité; de telles altérations peuvent résulter de notre manque de pleine présence et de parfaite compréhension. Si l'on apprend cette technique jusqu'à la maîtriser, on aura moins de chances de commettre des erreurs de jugement qu'en s'appuyant seulement sur le bon sens ordinaire.

Un principe majeur qui traverse toutes les études d'épistémologie est la notion de vérité relative et de vérité ultime. La vérité relative se rapporte à l'époque et aux conditions dans lesquelles nous nous trouvons en tant qu'individus, c'est-à-dire à notre monde relatif. Le principe relatif nous permet de gérer notre rapport aux variables des situations; mais il s'adosse sans discontinuer à la vérité ultime, à la réalité ultime, ce qui nous rend à même de ne pas nous laisser emporter par le concours de circonstances perpétuellement changeantes. La capacité d'équilibrer principe relatif et principe ultime constitue une part significative de l'entraînement en épistémologie; lorsqu'on a bien intégré ces principes, on peut en étudier et en appliquer d'autres tels que la cause, la condition, le résultat et l'interconnexion de ces facteurs. Au fur et à mesure que l'étudiant acquiert cette maîtrise, son approche de chacune des situations existentielles devient de plus en plus judicieuse, car cette étude et sa mise en pratique octroient une grande clarté d'esprit et une profonde compréhension. Quand on possède ce style de vision, on peut l'utiliser pour une interprétation juste de toutes les situations.

Dans cette méthode, il faut tout d'abord choisir un sujet. Celui-ci doit être formulé de manière précise, sinon la discussion serait, au mieux, une perte d'énergie. Ensuite, il doit être défini grâce à la description de ses caractéristiques et de ses attributs. Par exemple, on peut dire du feu qu'il est du feu parce qu'il produit une forte chaleur, parce qu'il y a une flamme, parce qu'il y a combustion, parce qu'il possède telle couleur et telle forme, parce qu'il dégage de la fumée. Il faut aussi pouvoir formuler la définition par la réciproque : là où il y a de la fumée, il y a du feu ; s'il y a incandescence, combustion, ou chaleur extrême, c'est qu'il y a du feu. On doit également établir la définition par la négative : s'il n'y a pas de feu, il n'y aura pas de fumée, pas de chaleur extrême, pas de flamme, etc. Le raisonnement à propos du feu est un exemple élémentaire de la façon dont on examine la vérité au moyen de la logique.

Les deux discussions qui suivent donneront une idée du déroulement d'un débat. Bien entendu, dans la réalité, ces joutes oratoires sont souvent très spécialisées ; elles s'articulent sur des points extrêmement subtils et sur des références précises à certains débats fameux de l'histoire, que les adversaires ont étudiés. La discussion s'y déroule selon des formes établies comportant des gestes, des phrases et des mots déterminés, qui, ensemble, constituent un style traditionnel d'expression. Les exemples ci-dessous, extrêmement simplifiés, sont destinés à donner une idée générale du processus.

Débat sur la vérité relative et la vérité ultime

– *Thèse A.* La vérité relative et la vérité absolue (ultime) n'entrent pas en conflit.

– *Thèse B.* La vérité relative et la vérité ultime entrent en conflit parce qu'elles sont deux vérités distinctes.

– *Thèse A.* La vérité relative est la loi de causalité, qui produit la manifestation extérieure de toute chose. La vérité ultime est la nature intérieure, essentielle, de cette manifestation. Etant ainsi les deux parties d'une même vérité, elles n'entrent pas en conflit.

– *Thèse B.* Cela fait deux vérités interdépendantes ; mais si la vérité est interdépendante, ce ne peut être la vérité. L'interdépendance la rend incomplète en elle-même, car elle dépend alors de quelque chose d'autre pour exister ; ce ne peut donc pas être la vérité. D'ailleurs, si vérité relative et vérité ultime sont toutes deux également vraies, comment pourraient-elles ne pas entrer en conflit ?

– *Thèse A.* Elles n'entrent pas en conflit parce que la vérité ultime est la vérité ultime du monde relatif, et que la vérité relative est la manifestation relative de la nature ultime de toute chose. Vérité ultime et vérité relative sont toutes deux également valides car elles sont les deux aspects de la vérité. Cependant, tant qu'il n'y a pas réalisation, toute présentation de la vérité ultime et de la vérité relative ne peut être que relativement vraie.

Débat sur la vacuité

– *Thèse A.* Tout est vacuité.

– *Thèse B.* Tout possède une véritable existence.

– *Thèse A.* Tout est vide, car, étant le produit de conditions changeantes et illusoires, les phénomènes sont eux-mêmes illusion.

– *Thèse B.* Tout est substantiel et doté d'existence véritable, car les choses sont bien là et nous les percevons, nous en faisons l'expérience. Si, lorsque vous avez faim, vous mangez, vous vous sentirez rassasié. Si quelqu'un reçoit une flèche en plein cœur, il meurt. C'est bien réel, il ne s'agit pas d'une illusion.

– *Thèse A.* C'est parce que tout est vide que vous pouvez avoir le ventre vide, c'est parce que tout est vide que vous pouvez manger et ressentir la satiété de qui a l'estomac rempli. C'est parce que tout est vide qu'il vous est possible d'avoir un corps et qu'une flèche peut en ôter la vie. Puisque tout est vide, la myriade de phénomènes peut se manifester sans fin.

– *Thèse B.* Ce n'est assurément pas le cas ; si tout était vide, il n'y aurait pas de flèche et la nourriture ne pourrait vous rassasier. Si tout était vide, une flèche ne pourrait vous ôter la vie.

– *Thèse A.* Au contraire. C'est en raison même de la vacuité que la flèche peut se manifester en tant que produit de toutes les conditions qui lui correspondent. Toutes les données relatives à l'espace, aux particules élémentaires et au temps (tous les phénomènes qui, comme la flèche, apparaissent et se déploient dans les limites de leurs propres conditions) se manifestent sans fin en raison de la vacuité. C'est en raison même de la vacuité que karma, causes et conditions se manifestent sous la forme d'un corps. Lorsque la nourriture et l'estomac entrent en contact, vous éprouvez une sensation de satiété ; lorsque la flèche et le corps entrent en contact, vous mourez. Tout est vide précisément parce que tout cela peut se produire et tout cela peut se produire parce que tout est vide. Si tout n'était pas vide, si le véritable mode d'être de toute chose n'était pas la vacuité, aucun phénomène ne pourrait se manifester comme il le fait. L'assertion que toute chose possède une existence réelle, éternelle, est invalide car tout est changeant, tout est impermanent ; chaque chose est la manifestation de toutes les conditions qui lui correspondent et ces conditions elles-mêmes sont la manifestation de leurs propres conditions. Ainsi, tout est vacuité.

Les grandes controverses classiques de référence sont celles qui opposèrent les écoles de pensée des premiers temps et où furent débattus certains des principes importants du bouddhisme. Chaque école soutenait une théorie quelque peu distincte ; ces différences devinrent des sujets d'exposés très élaborés. Trois de ces courants de pensée sont l'École de la Grande Exposition[1], l'École des Tenants des Soutras[2] et l'École de l'Esprit Seul[3], qui émergèrent autour de 150 av. J.-C., c'est-à-dire environ trois cents ans après le départ du Bouddha en l'au-delà de la souffrance[4]. L'École de la Grande Exposition rejetait la possibilité que l'esprit puisse être conscient de lui-même et d'un objet externe simultanément, et faisait l'assertion que les objets extérieurs possèdent une véritable existence. L'École des Tenants des Soutras faisait l'assertion de la conscience qui se connaît elle-même, ainsi que de l'existence des objets extérieurs. Quant à l'École de l'Esprit Seul, elle réfutait la thèse selon laquelle les objets extérieurs possèdent une existence véritable (autonome), mais reconnaissait aux phénomènes une existence

1 Sct. *Vaibhashika*. Ecole philosophique du petit véhicule.

2 Sct. *Sautrantika*. Seconde école philosophique du petit véhicule.

3 Sct. *Chittamatra*. L'une des deux principales écoles philosophiques du grand véhicule (l'autre étant l'École de la Voie du Milieu, au sein de laquelle existent à nouveau plusieurs courants philosophiques).

4 "Le départ en l'au-delà de la souffrance" (sct. *parinirvana*) désigne la cessation complète, pour l'être éveillé, du cycle des renaissances, ou, en langage courant, le décès d'un grand être.

dépendante de causes et de conditions (niveau relatif). Les débats qui eurent lieu pendant des années entre les maîtres de ces trois écoles sont des exemples célèbres de la controverse sur la nature de la matière et du temps.

Les penseurs de l'École de la Grande Exposition et les tenants des Soutras adoptaient la thèse suivante : les plus petites particules de matière, indivisibles, et les plus infimes fractions de temps, également indivisibles, constituent la vérité ultime ; d'après leur point de vue, la vérité relative est la combinaison complexe, résultant de causes et de conditions (c'est-à-dire du karma), de ces composants ultimes. Les philosophes de l'École de l'Esprit Seul réfutaient cette notion et soutenaient que seul l'esprit existe (niveau ultime).

Selon les trois écoles, pour qu'une fraction de temps soit une unité de base il faut qu'elle soit indivisible. L'École de l'Esprit Seul réfutait les théories des deux autres écoles grâce à l'argumentation suivante : si de telles unités de base du temps s'ajoutaient de façon à former le temps linéaire, elles devraient se composer d'un début par lequel elles se lieraient à la fraction précédente, au moment minimal précédent, et d'une fin qui mènerait à la fraction suivante, au moment suivant. Sans ces facteurs de cohésion, aucune quantité de ces fractions n'étant apte à former une quelconque durée du temps, les moments indivisibles auraient une valeur nulle. Les maîtres de l'École de l'Esprit Seul soutenaient que la notion de "plus infime unité de temps", dotée d'un début et d'une fin, invalidait l'assertion d'indivisibilité puisqu'un tel moment pouvait alors être scindé en deux parties.

Les philosophes de l'École de l'Esprit Seul affirmaient de même qu'il était impossible que des particules de matière, dites les plus infimes, soient indivisibles. Si ces particules se liaient entre elles pour former des masses de matière, il faudrait qu'elles aussi possèdent des sortes de facettes leur permettant de se connecter. Sans ces facettes, elles auraient une valeur nulle et seraient incapables de s'associer pour créer des formes. Or, si l'on accepte que des particules élémentaires de la matière ont un haut, un bas et des côtés propres à permettre des liaisons, cela revient à dire qu'elles sont divisibles ; la théorie des particules indivisibles est donc invalidée par le même argument que la théorie des moments indivisibles. Cette argumentation logique, qui fut développée minutieusement de part et d'autre dans les controverses entre ces écoles de pensée, n'est qu'un exemple succinct des débats philosophiques classiques relevant de l'épistémologie, la science de la vérité.

Les textes rapportent de nombreuses histoires de débats qui eurent lieu lors de la rencontre de maîtres fameux. L'une d'elles concerne un moine érudit indien, Shantarakshita, que les Tibétains appellent "Khènpo Bodhisatto" : Abbé Bodhisattva. Contemporain du roi Trisong Détsèn (VIIIe siècle apr. J.-C.), il fut l'un des trois principaux personnages qui implantèrent le bouddhisme au Tibet à cette époque, les deux autres étant Gourou Rinpoché et le monarque lui-même. Invité au Pays des Neiges par le roi, le célèbre maître de logique y resta de nombreuses années, offrant son aide pour créer l'université monastique de Samyé. Shantarakshita enseigna notamment que l'accumulation de mérite et de sagesse est un processus graduel requérant les trois étapes de l'étude, de l'application des principes bouddhistes, et de la méditation. Une école naquit au Tibet, réunissant ceux qui pratiquaient ses enseignements.

Vint un jour où, après le décès de Shantarakshita, un moine chinois nommé Hashang Mahayana se rendit au Tibet et se mit à enseigner qu'il n'était besoin que d'une seule voie et d'une seule pratique pour atteindre l'éveil, qu'un processus graduel n'était pas nécessaire. Sa thèse était qu'il fallait stopper toute pensée, positive aussi bien que négative, et ce, en vertu du principe selon lequel un nuage blanc fait écran à la lumière du soleil tout autant qu'un nuage noir. En conclusion, sa théorie stipulait que pour atteindre l'éveil, il fallait mettre fin à toute pensée. Ceux qui adoptèrent sa philosophie en devinrent fanatiques ; de plus, l'application de cette doctrine rendait les gens très rigides, puisqu'ils étaient censés ne pas penser, et il en résultait souvent des désordres psychiques. Tout cela commença à avoir des conséquences néfastes sur le développement du bouddhisme tibétain et les disciples de Shantarakshita en furent soucieux. Ils se souvinrent qu'avant de quitter ce monde, leur maître avait prophétisé qu'un obstacle à la lignée pourrait advenir ; il avait conseillé, si cela se produisait, de faire venir d'Inde l'un de ses disciples, un certain Kamalashila, qui pourrait les aider à surmonter l'obstacle.

Le roi du Tibet était un bouddhiste pieux, respectueux de tous les moines, aussi avait-il également un grand respect pour Hashang ; il espérait que le problème serait résolu de façon digne grâce à un débat. Le monarque et les disciples de Shantarakshita invitèrent donc Kamalashila au Tibet, sollicitant son aide. Lorsque la délégation tibétaine chargée de l'inviter le rencontra en Inde, Kamalashila répondit que si la partie adverse se constituait de maîtres intelligents, érudits et experts en logique, alors il serait capable de dissiper l'erreur ; mais que s'ils étaient inintelligents et ignorants, il ne pourrait être d'aucune aide. Il décida de sonder la question par lui-même en faisant un test.

Il se rendit au Tibet, allant jusqu'au point de rencontre prévu avec le moine chinois, à l'endroit où l'on rejoint le Tsangpo lorsque l'on fait route vers Lhassa. Quand Kamalashila arriva, Hashang l'attendait, debout sur la rive opposée du fleuve. Kamalashila fit tourner son bâton de pèlerin trois fois au-dessus de sa tête puis le reposa à terre ; avec ce geste, il posait sa question à Hashang : "Quelle est la cause des trois sphères, celle du désir, celle de la forme, celle de la non-forme ?" Une fois la question posée, Hashang rentra les mains à l'intérieur des longues manches de sa robe chinoise et les tint levées au-dessus de la tête, couvertes par l'étoffe retombante, pour que Kamalashila puisse bien voir depuis l'autre berge. C'était sa réponse. Elle signifiait que les trois sphères étaient créées par la scission en sujet et objet, c'est-à-dire la dualité. Le fait que ses mains soient cachées à l'intérieur des manches symbolisait que l'ignorance est la cause de la dualité sujet / objet.

Voyant cela, Kamalashila acquit la certitude qu'il pourrait aider les disciples de son maître Shantarakshita ; il continua sa route vers Lhassa jusqu'au palais royal. A la requête du monarque et des disciples de Shantarakshita, les deux moines se préparèrent pour le débat. Hashang prit place d'un côté de la vaste salle d'assemblée, tandis que Kamalashila se plaçait de l'autre côté. Le roi du Tibet offrit à chacun une magnifique guirlande de fleurs en disant : "Etant moi-même laïc, je ne puis porter de jugement sur aucun de vous. C'est pourquoi je demande à celui qui sera convaincu par la philosophie de l'autre et se considérera ainsi comme vaincu de donner sa guirlande à l'adversaire. J'attends de celui qui aura donné sa guirlande qu'il quitte le Tibet et je l'assure qu'il sera traité avec une entière courtoisie." C'est de cette manière que le roi s'évita d'avoir à expulser un moine respectable et préserva la politesse requise envers celui dont il serait prouvé qu'il avait des vues fausses. Kamalashila et Hashang s'assirent face-à-face et le débat commença.

Voici l'idée principale de l'argumentation de Kamalashila : l'accumulation de mérite est indispensable à l'accumulation de sagesse ; pour accomplir cela, il est nécessaire de vaincre les pensées négatives grâce aux pensées positives et de vaincre les pensées positives grâce à la réalisation. Il soutint que stopper les pensées, qu'il s'agisse de pensées positives ou de pensées négatives, n'est pas fondé sur une vue juste. Il présenta des arguments et des preuves si judicieux qu'Hashang s'avoua vaincu ; il remit sa guirlande de fleurs à Kamalashila et s'en retourna en Chine. Et c'est ainsi que la lignée de Shantarakshita continua à fleurir au Tibet.

Deux autres maîtres célèbres pour leur érudition jouèrent un rôle très important dans la diffusion du bouddhisme au Tibet : ce furent le maître indien Atisha Dipankara et le traducteur tibétain Rinchèn Zangpo. Au milieu du IXe siècle, le monarque Langdarma avait tenté d'anéantir le bouddhisme. Par voie de conséquence, au cours des années qui avaient suivi son règne, la religion s'était dénaturée faute de maîtres qualifiés. Aussi le souverain Yéshé Eu du royaume de Gougué, au Tibet Occidental, envoya-t-il Rinchèn Zangpo le Traducteur et d'autres lettrés étudier en Inde avec des maîtres bouddhistes. L'objectif était de rapporter au Pays des Neiges une pure lignée de transmission du bouddhisme. Yéshé Eu et certains membres de la famille royale étant de fervents bouddhistes, ils firent parvenir à plusieurs reprises une invitation à Atisha. Ce moine érudit était probablement le plus renommé des maîtres de l'Inde ; il avait enseigné dans les grandes universités de Bodhgaya, d'Odantapuri et de Vikramashila. Il accepta finalement l'invitation et se rendit dans la région tibétaine de Ngari où il rencontra Rinchèn Zangpo vers 1040.

Il voulut tout d'abord savoir quels étaient les enseignements dont on avait besoin au Tibet et connaître la raison pour laquelle on l'avait fait venir de la si lointaine Inde. Il demanda donc à Rinchèn Zangpo ce qu'il avait appris. Le traducteur, qui était bien plus âgé qu'Atisha, se mit à énumérer les soutras et les tantras qu'il avait étudiés et, quand il eut terminé, Atisha lui dit : "Ce n'était pas la peine de me faire venir d'Inde alors qu'il y a au Tibet quelqu'un d'aussi savant que vous." Comme il se trouvait au grand monastère de Theuling, il profita de l'occasion pour faire un pèlerinage aux nombreux temples du lieu, tel celui de Roue de la Sublime Félicité, celui d'Assemblée des Secrets et bien d'autres encore. Des sanctuaires différents étaient réservés à la tradition des soutras et à celle des tantras. Atisha en fut surpris ; il observa que, dans chaque temple, les gens pratiquaient selon la tradition à laquelle il se rattachait. Il s'aperçut que ces personnes semblaient ne pas avoir connaissance de la pratique conjointe des deux traditions. Aussi questionna-il Rinchèn Zangpo sur sa compréhension des soutras et des tantras, et sur la façon dont on doit suivre ces traditions. Le traducteur pensait qu'on ne devait pas les associer, mais suivre chacune séparément.

Atisha déclara alors : "J'ai trouvé la raison pour laquelle je suis venu de si loin. Ici au Tibet, vous ne savez pas pratiquer les traditions des soutras et des tantras conjointement. Or c'est quelque chose que je connais. Je peux vous enseigner comment faire. C'est un point primordial, car si on pratique séparément soutras et tantras, il est plus difficile d'atteindre la réalisation."

Il expliqua qu'il y a conflit entre les deux, si soutras et tantras ne sont pas compris correctement. La méthode des soutras a trait au développement des aspects positifs, comme la compassion, et à l'élimination des aspects négatifs, comme la colère. La méthode des tantras transforme les états négatifs en états positifs et les états positifs en ce qui est la libération ultime. Cette libération est l'essence de tout : de ce qui est positif et de ce qui est négatif. Selon la vue du tantra, la présence ou l'absence de ce qui est positif ou de ce qui est négatif n'est pas aussi significatif, car ces aspects sont considérés comme deux faces d'une même chose. Pratiquer la méthode des soutras avec la compréhension tantrique et pratiquer la méthode des tantras avec la compréhension des soutras, voilà une excellente combinaison qui s'avère cent fois plus fructueuse que la pratique d'une seule de ces traditions.

Une des histoires à propos du grand yogi Milarépa rapporte une rencontre bien différente. Milarépa eut une vie riche en événements. Tout d'abord, il étudia afin de devenir chaman et de maîtriser la magie. Il y réussit et utilisa ses pouvoirs pour se venger de certaines personnes. Après cela, il éprouva des remords et se tourna vers le dharma. Désireux de se purifier de ses mauvaises actions, il se mit à étudier et à pratiquer sous la direction de Marpa le Traducteur. Puis il se consacra à la méditation dans la solitude des montagnes durant de nombreuses années ; alors des gens vinrent à lui, désireux d'étudier le dharma, et Milarépa leur prodigua ses enseignements sous forme de chants édifiants improvisés pour la circonstance. Ce qui a fait sa célébrité n'est pas une maîtrise formelle des principes de la logique ordinaire, mais un formidable talent à appliquer ces principes de façon spontanée, dans un contexte non conventionnel. Sa virtuosité n'était pas celle de victoires par des débats, elle provenait de la réalisation atteinte grâce aux nombreuses années d'étude et de pratique assidue des enseignements du véhicule vajra.

Il y a de nombreux récits sur les gens qui vinrent provoquer Milarépa, depuis des chamans jusqu'à des sortes de démones. L'une des histoires porte sur deux érudits nommés Loteun et Tarlo, qui voulurent avoir avec lui un débat classique de logique. Milarépa démontra alors son grand accomplissement dans les méthodes du véhicule vajra, lesquelles permettent de dépasser complètement le genre de rigidité qui résulte d'études fondées sur l'ego. Ces savants, jaloux de Milarépa en raison de sa célébrité et de son succès auprès de nombreux disciples, s'étaient mis à le critiquer. Ils le qualifiaient d'hérétique et affirmaient qu'il n'avait aucun savoir; ils le blâmaient d'oser enseigner alors qu'il ne possédait aucune notion spécialisée de logique ni aucune notion subtile du dharma – des notions qu'eux-mêmes possédaient, bien entendu! Ils décidèrent un jour d'aller l'affronter dans une controverse. Quand ils le rencontrèrent, ils s'enquirent des enseignements qu'il connaissait. Milarépa répondit que c'étaient ceux qu'il avait reçus de son maître, Marpa le Traducteur. Ils lui demandèrent alors quelles étaient, en termes de logique, les preuves qu'il pouvait fournir pour étayer la validité des enseignements reçus et dispensés. Les preuves auxquelles ils faisaient allusion sont nommées "signes de ce qui est contradictoire" et "signes de ce qui est établi". Milarépa répondit: "La preuve que j'ai concernant le signe de ce qui est contradictoire, c'est que vos esprits sont en contradiction avec le dharma : puisque vous ne le pratiquez pas, vous êtes en contradiction avec lui. Comme c'est le même mot qui signifie *établir la preuve* et *pratiquer*, mon signe de ce qui est pratiqué, c'est que je suis capable de pratiquer le dharma."

En entendant cela, Loteun et Tarlo se gaussèrent de lui : "Voilà bien le signe que tu ne comprends pas le dharma ! Ce que tu dis n'a rien à voir avec le sens des termes *preuve* et *réfutation*. De plus, tu prétends que des gens tels que nous – qui, précisément, connaissons le dharma – sont fautifs. C'est ce que tu fais, toi, qui est en contradiction avec le dharma !"

Milarépa leur dit alors : "Je vais vous poser quelques questions. L'espace est-il solide ou non ?"

– Chacun sait que l'espace n'est pas solide. Il n'est nul besoin de poser une telle question. C'est d'une évidence absolue !

– Vous en êtes sûrs ?

– Tout à fait !

– Bon, eh bien voyons si vous pouvez vous mouvoir dans l'espace : bougez, maintenant !

Les érudits tentèrent de se mouvoir, en vain. Ils ne pouvaient rien faire d'autre que rester figés là, à regarder. Milarépa leur dit : "Vous voyez, l'espace est solide !"

Une fois remis de leur choc, les érudits accusèrent le yogi d'avoir créé une illusion magique : "Tout le monde sait que l'espace n'est pas solide. Cela est dit dans tous les enseignements du Bouddha et dans tous les commentaires. Tu nous as joué un tour de magie."

Milarépa leur demanda derechef : "Et qu'en est-il d'une paroi comme celle-ci ? Est-ce que c'est solide, matériellement solide, ou non?" La réponse fut affirmative... Alors le yogi passa au travers de la paroi.

En menant un débat ainsi, Milarépa montrait aux deux érudits que le fait qu'une chose soit de la matière solide ou non, là n'est pas la question. Le point clé, c'est que tout est vacuité. Il démontra aussi les limites de toute connaissance qui ne s'accompagne ni de la compréhension ni de la réalisation méditatives (issues de l'entraînement de l'esprit par la méditation). Un débat de ce genre montre que l'on ne peut pas tirer de conclusions car, au niveau relatif, tout est en perpétuel changement. Celui qui, à l'image de Milarépa, aura clarifié l'esprit au point que la nature essentielle des éléments et les lois universelles lui seront pleinement connues, celui-là sera capable de jouer avec les éléments comme l'a fait le célèbre yogi; il pourra, comme lui, démontrer la nature illusoire de la réalité et, au travers de cela, sa vacuité essentielle.

Le Bouddha lui-même a recommandé d'utiliser tous les moyens pour découvrir et comprendre la vérité. Il a dit un jour à un groupe de disciples: "Vous devez examiner mes paroles en profondeur. Puis mettez à l'épreuve ce que j'ai dit, à la façon dont on soumet l'or à des tests afin de s'assurer de son authenticité. Une fois que vous aurez procédé à ces vérifications et que vous aurez, pour vous-mêmes et par vous-mêmes, prouvé la validité et l'exactitude de ce que j'ai dit, alors seulement acceptez-le comme vrai." Tel est l'esprit de l'épistémologie. Telle est la manière dont on l'applique, pratiquement, dans l'existence. Excepté les professeurs de philosophie, la plupart d'entre nous n'ont pas le loisir de développer un argumentaire personnel. En revanche, ce qui nous concerne tous quotidiennement, c'est vivre notre vie avec efficacité grâce à des méthodes fiables tenant compte de notre bien-être et de celui d'autrui. Pour cela, il nous faut être vigilants, alertes. Nous ne devons pas accepter quelque chose comme valide simplement parce que nous l'avons entendu dire ou parce que, d'une certaine façon, cela nous arrange ; au contraire, nous devons mettre en œuvre tout notre discernement pour découvrir par nous-mêmes si quelque chose est valide ou non. La science de la vérité nous assiste dans le processus consistant à peser les choses impartialement, car elle nous fournit un outil de précision que ne peut perturber notre subjectivité – la subjectivité de nos désirs et de nos aversions, de notre orgueil, de notre jalousie, de notre aveuglement.

A première vue, un sujet aussi complexe que l'épistémologie bouddhiste semble ne rien avoir en commun avec nos préoccupations quotidiennes ordinaires, mais en fait c'est là encore un lien subtil entre le monde relatif et l'esprit ultime. La logique est une forme affinée de sagesse permettant de simplifier progressivement toute chose jusqu'au point où l'on franchit le pas séparant l'action et la compréhension subtiles du niveau relatif, de ce qui est ultime : le parfait éveil.

- 2 -

VÉRITÉ INTÉRIEURE

De la vision supérieure
naît la connaissance profonde.

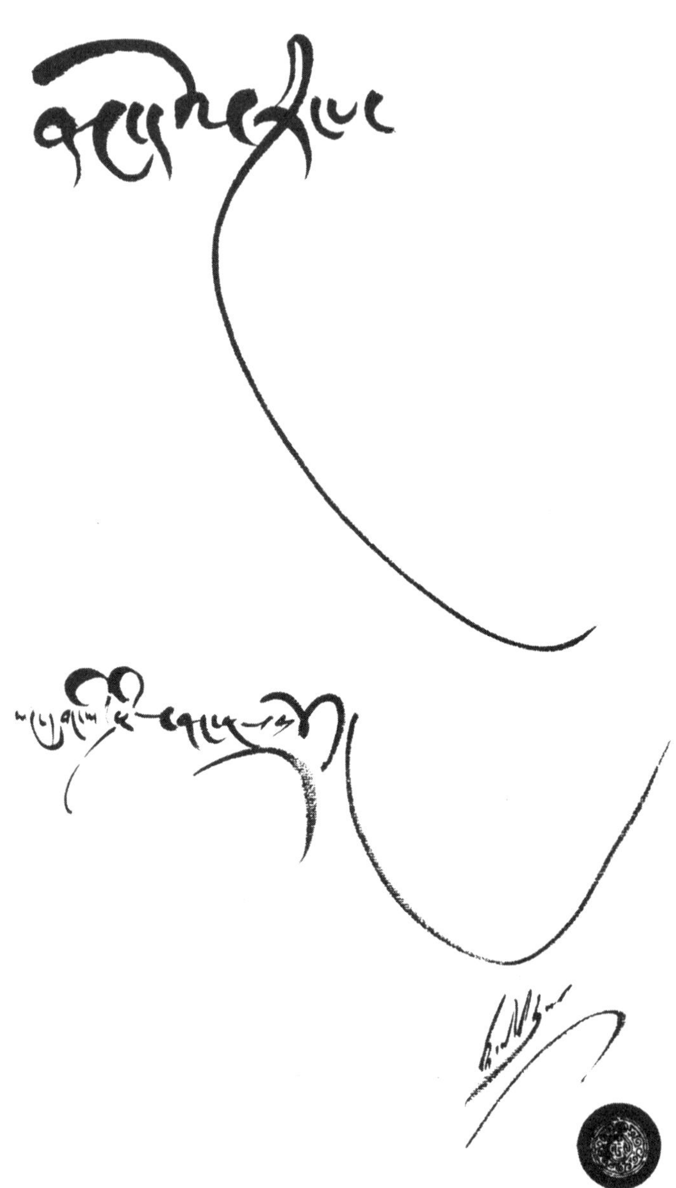

La vérité intérieure (ou sens intérieur) constitue le cœur de toute connaissance. Elle est le résultat le plus significatif de l'étude assidue des sciences ordinaires et extraordinaires; toutes ces disciplines sont des chemins menant à elle, chacun à sa façon. La vérité intérieure correspond au plus haut niveau de la connaissance, celui d'une sagesse réalisée qui est au-delà des concepts. Connaître le sens intérieur est la clé de tout. N'importe quelle science, quand on la maîtrise, peut nous y mener; suivre correctement l'une de ces voies jusqu'à son terme a pour fruit cette connaissance très fine qui devient vision supérieure, connaissance supérieure et vérité intérieure.

Bien que toutes les sciences y conduisent, l'une d'elles est spécialisée dans l'exploration et l'épanouissement de la vérité intérieure, avec la finalité d'en octroyer une pleine et entière réalisation; cette discipline profonde, extraordinaire entre toutes, est celle de la connaissance intérieure. Il y a de bonnes raisons pour en faire un domaine d'étude à part entière. En effet, il faut distinguer vérité intérieure et vérité relative. La vérité intérieure intègre une compréhension de l'ultime en laquelle tous les individus et toutes les situations sont connus commc parfaits en dépit de leurs diverses apparences au niveau relatif. Du point de vue de la connaissance intérieure, il n'est personne qui ne soit ultimement parfait, l'imperfection n'étant qu'une manifestation relative. Intégrer véritablement une telle profondeur de compréhension requiert un effort particulier – différent de celui qu'exigent les autres domaines de la connaissance. Pour cultiver la connaissance intérieure, on privilégie les types d'entraînement de l'esprit et les méditations qui stimulent la reconnaissance de la vérité à des niveaux profonds.

Les divers champs de la connaissance visent tous à corriger les imperfections de l'état relatif et, finalement, à dévoiler la perfection de la nature ultime de chaque être. Ces disciplines ne se limitent pas à révéler cette vérité profonde, elles génèrent sa reconnaissance et sa réalisation à un degré où le monde relatif est pleinement connu comme coexistant avec l'esprit ultime. C'est là le point de départ du chemin de la vérité intérieure.

Conserver une vue juste permet de bien fonctionner dans l'existence. L'objectif des pratiques telles que la méditation, c'est d'être en interaction harmonieuse avec ce que vous rencontrez quotidiennement ; faites correctement, ces pratiques préserveront la vue juste. Grâce à cette base, chaque activité de votre vie recevra une influence bénéfique. Les deux principes que sont la vue et la pratique agissent non seulement dans le domaine des mantras et de la méditation, mais aussi dans celui de choses prosaïques comme remplir un formulaire ou préparer un repas. Lorsqu'elles sont associées, la vue juste et la pratique correcte vont produire le fruit qu'est la libération, la réalisation… En d'autres mots : la perfection ultime. Ultimement, il n'y a pas d'imperfection, et relativement, il n'y a pas de perfection. Ainsi, c'est au travers de l'imperfection relative que l'on voyage vers la perfection ultime. Cette perfection n'est pas quelque chose qu'il faille créer, mais quelque chose à dégager du monde relatif auquel elle est inhérente. Ce qui la dégage, ce qui la libère, c'est le jeu des principes universels au sein du monde relatif et impermanent. Quand vous aurez pris conscience puis acquis une maîtrise de ces principes, lorsque vous aurez la vue juste, tout le reste suivra.

Pour développer la connaissance intérieure, le moyen le plus efficace est la méditation. Quoique l'essence intérieure de chacun soit parfaite, extérieurement, il y a souvent carence des conditions de la perfection comme de ses signes. Il se peut qu'apparaissent certaines qualités parfaites, toutefois la manifestation d'une connaissance intérieure totalement réalisée est très rare. La pratique de la méditation permet de surmonter progressivement les circonstances imparfaites et de libérer la qualité intérieure de perfection ; la méditation est le moyen le plus puissant pour cela. De nombreuses méthodes méditatives sont enseignées et pratiquées : chacune convient à des personnes différentes, en fonction du degré de développement spirituel et d'objectifs spécifiques… Car on ne peut tout faire à la fois. La réalisation complète doit se construire lentement en rendant plus limpides, de diverses manières, le corps, la parole et l'esprit, puis en stabilisant cette clarté. C'est la raison pour laquelle on offre une telle profusion de méthodes.

Toutes les techniques de méditation donnent un résultat si l'on possède une assise solide. Le développement de ces fondations fait appel à deux pratiques de base : la méditation du calme mental et celle de la vision supérieure. L'expression “calme mental” signifie que l'on atteint un état où l'esprit est paisible, harmonieux, libre de la perturbation des pensées comme de celle des affects. Ce calme constitue la condition de base à partir de laquelle on développe la vision supérieure, qui procure alors clarté, précision et capacité de voir en profondeur. Après avoir beaucoup cultivé le calme mental et la vision supérieure, le méditant atteint un niveau parfait d'harmonie. A ce stade, les affects et toutes les erreurs se dissipent d'eux-mêmes. Quand on applique ces méthodes, on fait d'abord l'expérience d'un résultat provisoire, un état d'harmonie parfaite, purifié des affects, où l'on perçoit les choses de façon claire. Au début cependant, ce résultat n'est pas stable. Celui qui persévère dans la pratique atteindra un degré d'accomplissement dont l'harmonie complète se maintiendra plus longtemps. En persévérant encore, il deviendra possible de conserver cet état continuellement et de demeurer dans l'expérience de pleine harmonie en toutes circonstances. A ce stade d'accomplissement, lorsque vous rencontrez une situation négative (perturbatrice, déprimante, ou préjudiciable), au lieu que ces circonstances aient une incidence sur vous, vous aurez sur elles un effet positif. Quand la clarté de l'esprit est stabilisée et habituelle ("familiarisation"), celui qui en est ainsi doté a la capacité de renverser les influences et les circonstances négatives. Il transmue les circonstances négatives et peut même exercer une influence sur autrui, le rendant plus positif et plus harmonieux. Tel est le résultat d'une pratique diligente du calme mental et de la vision supérieure.

L'état d'esprit associant calme mental et vision supérieure mène à une profonde réalisation qui correspond à l'un des états de conscience les plus élevés, celui de "l'être humain parfaitement réalisé", de "l'être humain parachevé"[1]. C'est un mode d'être complètement naturel, où l'on ne peut rien faire d'inadéquat : on accomplit spontanément ce qui est juste. Cet

1 Tib. *du-sèm tséchik-pa.*

état est le plus profond que puisse atteindre un être humain dans les conditions physiques, environnementales et psychiques que nous connaissons ; c'est un niveau très élevé d'intelligence, de sagesse et de clarté. Il existe d'autres degrés de développement, mais on ne les considère plus comme faisant partie de la sphère de l'existence humaine ordinaire. Le stade de l'être humain parachevé est le plus haut état de conscience atteint dans la classe des êtres humains, cela grâce aux pratiques méditatives du calme mental et de la vision supérieure.

Aller au-delà de cet état de conscience signifie réaliser l'essence ultime de l'esprit-même. De fait, c'est l'objectif visé lorsque l'on cultive la connaissance intérieure. Ici encore il existe de nombreuses techniques destinées à atteindre ce but, l'une des plus profondes étant la *reconnaissance de la nature de l'esprit.* Lorsque celui qui se trouve dans l'état spirituellement avancé de l'être humain parachevé reconnaît la nature de l'esprit, l'essence même (le potentiel illimité) de cette personne est libérée : c'est l'atteinte de ce qui est nommé "la première terre" des êtres de l'éveil. La première terre permet immédiatement à cette personne d'émaner des manifestations incroyablement positives, incroyablement puissantes ; de plus, elle lui ouvre la voie vers des réalisations plus hautes à venir, qui sont décrites comme les dix terres successives ou dix degrés de la réalisation des êtres de l'éveil. Les dix terres culminent avec la libération finale d'un bouddha, un état de réalisation ultime que n'entrave absolument aucune limitation. Bien que la réalisation d'un être de l'éveil de la première terre présente des limitations comparativement à celles des niveaux ultérieurs, on peut la qualifier d'illimitée par rapport à l'état des êtres ordinaires. En effet, la première terre représente une formidable avancée dans la réalisation, que l'on ne peut aisément décrire. Les textes définissent l'être d'éveil de la première terre comme capable de produire cent manifestations parfaites simultanément. Les êtres humains ordinaires, ceux qui ne sont pas développés spirituellement, ont du mal à en produire une seule de façon profonde, ne serait-ce que cinq minutes ; cela est dû aux affects, à la confusion qui règne dans les esprits, aux illusions et égarements, aux erreurs de compréhension – en bref, à tout ce qui compose leur monde limité. L'être de l'éveil qui se trouve à la première terre est parfait, libre des limitations que connaissent les êtres humains ordinaires. Quant à l'être humain parachevé, on le considère aussi comme une manifestation parfaite, libre de limitations, ayant atteint un stade d'où l'on ne peut plus retomber.

L'étude de la vérité intérieure est profonde entre toutes, car elle est le chemin du développement intérieur et inclut toutes les techniques d'entraînement de l'esprit et de méditation. La connaissance intérieure approche et approfondit les multiples facettes de la vérité intérieure au moyen de techniques méditatives spécialisées. Si la connaissance intérieure est nécessaire, autant qu'essentielle, à tous les êtres sans exception et concerne chacun d'entre eux, c'est parce que le potentiel de chacun est sans limites : en raison même de cela, tant que ce potentiel illimité ne sera pas libéré, aucun d'eux ne sera satisfait. Dans tous les cas et quoi qu'il advienne, ils continueront à faire des erreurs, à progresser et à affronter des problèmes, jusqu'à ce qu'ils atteignent la liberté sans limites qu'apporte l'éveil. La libération commence à l'état d'être humain parachevé ; la libération ultime est l'état de bouddha. C'est la nature essentielle, la nature de bouddha sans limites, qui conduit tous les êtres à trouver l'issue à leur état si limité. Les êtres, jusqu'aux plus ignorants et même s'ils n'en connaissent pas la raison, ne pourront être satisfaits par quoi que ce soit d'autre. Tous courent en tous sens comme des fourmis, sans savoir pourquoi ; si on demande aux gens ce qu'ils veulent, personne ne le sait. Tant qu'ils n'auront pas atteint la libération ultime, la question restera sans réponse, la poursuite de ce qui fait défaut ne connaîtra pas de fin et ils ne pourront être comblés. Ils ne cesseront de souffrir que lorsqu'ils atteindront la liberté sans limites de l'éveil, qui s'obtient par le développement intérieur.

Cette quête acharnée conduit au cœur de la vérité intérieure. Les enseignements bouddhistes nous offrent des méthodes très utiles pour simplifier notre recherche. Par exemple, la méditation du calme mental consiste en techniques cultivant l'attention à la respiration, l'observation attentive de certaines images ou de certains sons, etc. Ces supports nous aident à rendre l'esprit stable ; ils remplacent la foule des pensées qui nous empêchent de voir les choses clairement et paisiblement, et donc de faire face aux circonstances de notre vie avec une clarté d'esprit accrue. Progressivement, on aura moins de pensées dispersées et plus de présence attentive continue. Sur la base de ces premiers résultats positifs, le méditant sera à même de maintenir plus longtemps des périodes de quiétude au sein des activités physiques et mentales. Lorsque cela sera maîtrisé, il pourra pratiquer la vision supérieure : observer cette quiétude avec clarté. La pratique conjointe du calme mental et de la vision supérieure a pour fruit le calme, la clarté et une observation pénétrante ; ce sont autant d'outils qui nous permettent de progresser plus avant. A mesure qu'augmente encore la clarté, il devient possible d'accéder à une très profonde compréhension. On acquiert une capacité croissante de maintenir de l'harmonie dans les conditions de notre existence psychophysique comme dans notre relation aux circonstances intérieures et extérieures.

L'approche de la connaissance intérieure utilise certaines techniques avancées qui ont recours à des visualisations et à un symbolisme parfois très complexes; voir l'univers selon divers agencements est encore une manière d'approfondir la compréhension. La transformation des états de conscience relatifs en véritable compréhension de l'esprit ultime est exposée par les enseignements ésotériques du véhicule vajra portant sur les cinq familles de vainqueurs (syn. familles de bouddhas). Ces enseignements offrent une illustration du sens profond enchâssé dans l'existence ordinaire, en présentant les cinq principaux points de l'espace[1], les cinq éléments et d'autres phénomènes du monde relatif comme étant des expressions du chemin de l'éveil. En voici une interprétation classique – il faut noter que la distribution des éléments, des couleurs ou des points cardinaux est susceptible de varier en fonction de ce que veut accentuer tel ou tel enseignement, telle ou telle pratique.

On attribue à l'est, qui est la direction du soleil levant, l'élément eau, la couleur blanche et la saison hivernale. Les affects associés sont ceux de l'agressivité, ou colère-aversion; le potentiel ultime correspondant, lorsqu'il y a eu transmutation complète de l'agressivité (reconnaissance de l'aspect pur), c'est la sagesse semblable au miroir. Que signifie ce nom? Il signifie que la vacuité est le miroir de tous les phénomènes, tout s'y reflète; quand on a vaincu ces affects, tout est clairement vu et connu. On associe à l'est la famille de vainqueurs nommée

1 Le centre et les quatre points cardinaux.

famille Vajra (symbolisée par son attribut : un vajra) et présidée par le Bouddha Inébranlable, dont la syllabe-germe est HOUNG.

Le sud est associé à l'élément terre et au jaune. Sa saison est l'automne. L'affect correspondant est la suffisance égotique, l'orgueil ; il est transformé en sagesse de l'équanimité, réalisation de la non-dualité. On associe au sud la famille du Joyau (symbolisée par un joyau) ; elle est présidée par le Bouddha Source des Joyaux, dont la syllabe-germe est TRAM.

L'ouest est associé à l'élément feu et au rouge. Sa saison est le printemps. L'affect correspondant est le désir-attachement ; il est transformé en sagesse discernante, réalisation de tous les phénomènes, formels ou informels, comme ayant des caractéristiques distinctes. On associe à l'ouest la famille du Lotus (symbolisée par un lotus) ; elle est présidée par le Bouddha Lumière Infinie, dont la syllabe-germe est HRI.

Le nord est associé à l'élément air et au vert. L'affect correspondant est la jalousie, qui, une fois transmutée, devient la sagesse accomplissante : la réalisation que samsara et nirvana sont un ; ultimement, ils ne sont pas distincts. On associe au nord la famille de l'Activité (symbolisée par un double vajra) ; elle est présidée par le Bouddha Auteur du Bien, dont la syllabe-germe est AH.

On considère que l'un des points de l'espace est le centre, que l'on relie à l'élément espace et au bleu. L'affect correspondant est l'ignorance ; il est transformé en sagesse libre de limites, ou omniprésente : la sagesse de l'*espace des phénomènes* au sein duquel tout se manifeste atemporellement, au-delà de toute limitation. On associe au centre la famille de vainqueurs nommée famille Bouddha (symbolisée par une roue) ; elle est présidée par le Bouddha Resplendissant, dont la syllabe-germe est OM.

Les familles de vainqueurs illustrent la façon dont la réalité prosaïque est reliée à une vérité qui transcende toute connaissance et toute activité ordinaires. Le réel développement de l'être est l'éveil à la vérité intérieure. On atteint cet éveil en combinant la discipline du niveau physique et celle du niveau mental. Concernant ce dernier, le principe en est que l'esprit de chaque être est ultimement parfait, qu'il possède la pleine et entière capacité de se comprendre lui-même et de comprendre tout le reste, qu'il a un pouvoir absolu sur les phénomènes. Ce qui entrave la capacité de compréhension, ce sont des souillures temporaires : les affects que sont l'ignorance, l'orgueil, la colère-aversion, le désir-attachement et la jalousie. Ces états psychiques s'entretiennent l'un l'autre, faisant écran à une reconnaissance de la vérité intérieure qu'ils contiennent. Ils génèrent une chaîne de produits dérivés – la distraction des pensées et les affects secondaires en une ronde sans fin – et se relancent eux-mêmes.

Plus le pratiquant s'investit en profondeur dans sa quête de la connaissance intérieure, plus les enseignements échappent à la compréhension de l'esprit ordinaire. Ceci est mis en lumière par les récits tirés des textes qui rapportent les faits et gestes des maîtres du véhicule vajra ; très souvent, il s'agit de chants édifiants, les chants de l'éveil. En général, l'esprit ordinaire n'en comprend que peu de chose.

Le yogi Tilopa[1] reçut à maintes reprises ces enseignements chantés. En une occasion, il eut la vision d'un être céleste, une princesse de l'espace, qui lui chanta ceci :

1 Tilopa (988-1069) est l'un des quatre-vingt-quatre grands accomplis de l'Inde.

Ce que désigne le sens ne sera pas réalisé grâce au sens des mots.
L'eau lave les salissures, mais l'eau ne se lave pas elle-même.
Celui qui est profondément engagé et possède une intelligence exceptionnelle[1]
Peut mettre fin au lien de la libération individuelle, extérieure,
Et détenir fermement le vajra de l'ultime, la libération intérieure :
Il faut appliquer en toutes circonstances la méthode souveraine, suprêmement libre de productions mentales[2].

Dans une autre histoire encore plus difficile à comprendre pour l'esprit ordinaire, Tilopa fait la démonstration de ses pouvoirs extraordinaires. Un jour qu'il se trouvait à un rassemblement de nombreux érudits et yogis, il accomplit un prodige en faisant apparaître un mandala (l'environnement d'une divinité[3]) dans chaque pore de son corps. Les mandalas n'apparurent pas petits et son corps n'apparut pas plus grand que nature. Tilopa improvisa alors un chant sur cette manifestation inconcevable, située au-delà de la compréhension ordinaire :

Si tu t'assieds, assieds-toi au beau milieu du ciel.
Si tu dors, dors à la pointe d'une lance.
Si tu regardes, regarde au beau milieu du soleil.

1 Ou : "Le yogi excellent, aux facultés supérieures".

2 Cette méthode, le "grand sceau" (sct. *mahamoudra*), est au cœur des enseignements de la Lignée Kagyupa.

3 Tib. *yidam*, parfois traduit par "divinité d'élection". C'est la divinité particulière, expression de l'éveil parfait, qui correspond à la nature profonde du pratiquant.

> Moi, Tilopa, qui ai réalisé l'ultime, je suis libre
> de tout effort.

Les enseignements et les pratiques du véhicule vajra forcent, de toutes parts, nos limites rigides. Dans ce monde relatif, il n'est pas facile de se débarrasser des négativités et d'extraire ce qui est positif, à cause même de la nature paradoxale de l'univers. Ultimement, il n'y a rien à voiler, rien à obscurcir, ni rien qui puisse être un voile, un élément obscurcissant ; relativement, il y a tout à voiler, tout peut constituer un obstacle. Ainsi il n'existe rien de tel qu'une souillure ultime, rien de tel qu'un affect ultime... mais en même temps il y a effectivement souillure et ce, d'une façon tout à fait déroutante, car on ne peut mettre le doigt dessus : on ne peut dire qu'elle est présente ; on ne peut dire qu'elle n'est pas présente. Ultimement, elle n'a jamais été là ; relativement, elle a toujours été là. Ultimement, il n'y a rien dont on doive se purifier, rien à dissiper ; relativement, tout est à dissiper... jusqu'à la méthode de purification qui est elle-même un voile à ôter par la suite.

Prenons l'exemple du savon et de l'eau utilisés pour nettoyer votre linge sale. Nécessaires au moment du lavage, ils deviennent aussi indésirables que la saleté une fois les vêtements propres ; avant que vos habits ne soient prêts, il faut les rincer et les sécher. L'éveil intérieur n'est pas comme la lessive, certes, cependant l'analogie donne une idée de ce dont on parle : pour notre développement sur le chemin de l'éveil intérieur, nous utilisons des pensées comme celles de compassion, de dévotion, d'engagement... mais une fois l'éveil atteint, la manifestation de ces qualités est quelque chose de spontané, elle est au-delà de tout concept.

Ces principes s'appliquent à l'identique aux événements. Ultimement, il n'est pas d'événement imparfait ; relativement, il n'est pas d'événement parfait. Par conséquent, jusqu'à ce que la libération soit atteinte, il est vital de maintenir présence attentive et vigilance en toutes circonstances. C'est ainsi que votre point de vue deviendra réaliste, utile et pratique, au lieu de n'être qu'un concept idéaliste et hyperbolique, déconnecté de la réalité existentielle.

Une fois que vous avez compris ces principes, vous devez les appliquer à la réalité, c'est-à-dire au monde relatif. Telle est la pratique ; vous traitez la réalité – vous-même, autrui, et les situations – conformément à ces principes. Au moyen de diverses méthodes qui s'apparentent au bon sens, vous vous employez de tout cœur à être sincère, serviable, plein de gentillesse et de bonté, authentique. Vous pratiquez en étant bon à la fois pour vous-même et pour autrui, en aidant à la fois vous-même et autrui, en ne trompant ni vous-même ni autrui. C'est à partir du niveau de la réalité quotidienne que l'on gère tous les degrés du développement physique et psychique. Toutes vos activités sont la pratique, même si elles ne consistent qu'à se lever le matin, manger et dormir. Même si vous ne faites que cela, c'est encore de la pratique. Et même ne rien faire est de la pratique. En fonction de votre dextérité à appliquer ces principes et en fonction de votre attitude comme de votre motivation, votre pratique deviendra bénéfique ou nuisible. Sur le chemin de la connaissance intérieure, il est essentiel d'avoir l'entraînement correct de l'esprit ainsi qu'une pratique méditative correcte ; on associe les deux, la vue juste et son application aux situations existentielles, et on y joint l'énergie qui permet d'obtenir la connaissance intérieure par la méditation et la discipline de l'esprit. Grâce à cela s'épanouit la vraie sagesse intérieure. Une fois développée et bien établie, cette sagesse vous conduira progressivement jusqu'au stade final de l'éveil. Ce niveau est une réalisation définitive et non un éclair temporaire de réalisation concernant quelque chose de relatif ; il est la libération ultime. En effet, l'éveil n'est pas un accomplissement partial, c'est un accomplissement central.

La façon d'établir la vérité intérieure représente en soi un vaste sujet d'étude ; cependant, grâce aux disciplines de la connaissance ayant trait à la vie ordinaire, on peut libérer l'essence qui est inhérente à tout. Quand le Bouddha Shakyamouni a enseigné, il y a deux mille cinq cents ans, il n'a pas nommé ses idées "bouddhisme" ; il a utilisé un mot qui signifie "intérieur". Pourquoi ce terme ? Parce qu'en tout et en tous est une essence ultime toujours parfaite et illimitée, et parce que l'enseignement du Bouddha porte sur cette essence. L'objectif et la raison d'être de ses enseignements, c'est de présenter les moyens de découvrir cette essence en toute chose, d'en faire usage et de la libérer. C'est la raison pour laquelle il a fait référence au sens intérieur. Les champs ordinaires et extraordinaires du savoir sont tous reliés à ce joyau couronnant toute connaissance : la vérité intérieure.

Un jour, Tilopa donna son enseignement final à son disciple Naropa et lui demanda d'accomplir un rituel d'offrandes très élaboré, difficile à faire. La cérémonie terminée, Naropa ne se sentait pas satisfait alors qu'il venait de recevoir le plus profond des enseignements que son maître lui ait jamais donné. Il fit preuve de son manque de réalisation en sollicitant de Tilopa des enseignements plus profonds.

En entendant cela, Tilopa, furieux, regarda autour de lui cherchant quelque chose avec quoi frapper son disciple. Il aperçut sa sandale et s'en servit pour le gifler vigoureusement. Sous le choc, Naropa s'évanouit ; mais lorsqu'il revint à lui, il était éveillé. Et Tilopa chanta ceci :

Voici la prime sagesse qui est conscience autocognitive,
Non soumise à l'activité de la parole ou de l'esprit.
Je n'ai rien à montrer ;
L'essence ultime est reconnue par elle-même.

CORRESPONDANCES LINGUISTIQUES

	tibétain	*sanscrit*
[Bouddha] Auteur du Bien	Deunyeu Drouppa	Amoghasiddhi
[Bouddha] Inébranlable	Mikyeupa	Akshobhya
[Bouddha] Lumière Infinie	Eupamé	Amitabha
[Bouddha] Resplendissant	Nampar Nangdzé	Vairochana
[Bouddha] Source des Joyaux	Rinchèn Joung Né	Ratnasambhava
accompli, réalisé	drouptob	siddha
accomplissement	ngœudroup	siddhi
acte karma, [loi de] causalité karma, potentiel accumulé karma, résultat des actes	lé	karma
affect *autres expressions*: souillure, impureté	nyeunmong	klesha
affects ou poisons, 5 *littéralt.* affects-poisons, 5	nyeunmong-douk nga	pancha kleshavisha
affects-racines, 6	tsa-nyeun drouk	shad mulaklesha
agrégats, 5	poungpo nga	pancha skandha
arts du spectacle	deu-gar	nataka
Assemblée des Secrets	Sangwa Dupa	Guhyasamaja
Atisha "Le Seigneur du Refuge"	Jowo Atisha Jowo Jé	Atisha [Dipankara Shrijnana]
beun, religion prébouddhique du Tibet	beun	
bile (humeur)	tripa	pitta
Bouddha Médecin *syn.* le Maître Médecin	Sangyé Mènla Mèn gui Lama	 Bhaishajyaguru

calme mental *syn.* pacification mentale	shiné	shamatha
chant [spontané] de réalisation, chant de l'éveil, chant édifiant	gour	doha
chimère marine	chou-sin	makara
astro.: Chimère Marine, signe et constellation (Capricorne)	Chou-Sin	Makara
code de la conduite éthique *syn.* [corbeille de l'] éthique *ou* [de la] discipline	dulwa ['i déneu]	vinaya [pitaka]
complète compréhension (règle de poésie)	rabtok	
connaissance supérieure *syn.* connaissance transcendante	shérab	prajna
conscience primordiale *syn.* sagesse, prime sagesse	yéshé	jnana
corps d'émanation, émanation, incarnation d'un être réalisé	tulkou	nirmanakaya
cycle de douze ans	lokhor chou-nyi	
cycle des existences, cycle des renaissances	khorwa	samsara
dague [triangulaire]	pourpa	kila
Daméma "Non-Soi"	Daméma	Nairatmya
démons, 4	du shi	chatvari mara
départ / passage en l'au-delà de la souffrance	yong-sou nya-ngèn lé dé	parinirvana
dharani (long mantra)	zoung	dharani
Douce Gloire	Jampel	Manjushri
École de l'Esprit Seul	Sèm-tsam-pa	Chittamatra
École de la Grande Exposition	Jédrak-mawa	Vaibhashika
École des Tenants des Soutras	Dodé-pa	Sautrantika

en-un-point (attention) *syn.* unifiée (attention)	tséchik	
épistémologie *syn.* science de la vérité	tséma	pramana
être de l'éveil, héros / héroïne de l'éveil	jangchoub sèmpa	bodhisattva
être humain parachevé, être humain parfaitement réalisé	du-sèm tséchik-pa	
expression sobre et directe (règle de poésie)	rangshin jeupa	
famille Bouddha *syn.* famille du Transcendant	Déshinshèkpai-rik	Tathagatakula
famille de l'Activité	Karmai-rik	Karmakula
famille du Joyau	Ratnai-rik	Ratnakula
famille du Lotus	Padmai-rik	Padmakula
famille Vajra	Dorjéi-rik	Vajrakula
familles des vainqueurs, 5	gyelwai-rik nga	pancha jinakula
flegme (humeur)	békèn	shleshman
grand accompli	drouptob chènpo	mahasiddha
grand achèvement	dzokchèn	mahasandhi *syn.* maha-ati
grand sceau, *syn.* grand symbole	chakchèn	mahamoudra
grand véhicule	thèk-chèn	mahayana
hagiographie *syn.* biographie de libération complète, vie exemplaire, vie parfaite	namthar	vimoksha
Héros Vajra	Dorjé Sèmpa	Vajrasattva
humeurs, 3	neupa soum	tri dosha
illustration ornementale (poésie, fig. de style)	pégyèn	
intérieur(e), sens *ou* vérité	nang-deun	adhyatma

intérieur, l'intérieur *d'où*: bouddhiste bouddhisme	nang nang-pa nang-cheu	
Jouvence Vajra *ou* Dague Vajra	Dorjé Sheunou Dorjé Pourpa	Vajrakumara Vajrakilaya
l'au-delà de la souffrance	nya-ngèn lé dépa	nirvana
Laie Vajra	Dorjé Pamo	Vajravarahi
lama, maître spirituel	lama	gourou
langage vajra	dorjé tsik	
Le Tantra [médical] de conclusion	Chi-mai-Gyu	
Le Tantra [médical] des instructions particulières	Mèn-Ngak-gui-Gyu	
Le Tantra [médical] explicatif	Shé-Gyu	
Le Tantra-racine [de la médecine]	Tsa-Gyu	
Les Quatre Tantras [de médecine]	Gyu-Shi	
Libératrice, la	Dreulma	Tara
Lignée Guélougpa *littéralt.* Tradition de la Vertu	Guélougpa	
Lignée Kagyupa *littéralt.* Lignée de la Parole, Lignée de Transmission Orale	Kagyupa	
Lignée Nyingmapa *littéralt.* École Ancienne	Nyingmapa	
Lignée Sakyapa *littéralt.* École de la Terre Blanche	Sakyapa	
Mahakala *syn.* le Protecteur	Nakpo Chènpo Gœunpo	Mahakala
maître de danse	champeun	
Maitreya "Amour"	Jampa	Maitreya

mandala	kyilkhor	mandala
mantra	ngak	mantra
Marpa le Traducteur	Marpa Lotsawa	
marque de couleur diagramme des marques de couleur	méwa	
mélodie indienne		raga
métaphore filée (poésie, fig. de style) *littéralt.* associer, accoler	jarwa	
monastère de Sakya *littéralt.* monastère de la Terre Blanche	Sakya Gœunpa	
mont Mérou (montagne axiale de l'univers)	Rirab lhunpo	Sumeru parvata
œcuménisme, œcuménique non orienté, non partial…	rimé	
Œil Rouge (la Planète Rouge) *son autre nom*: Bon Augure (Mars)	Migmar Tashi	Rohita Mangala
outpala (fleur)	outpala	utpala
Padmasambhava "Né du Lotus" *son autre nom*: Gourou Rinpoché "Précieux Maître"	Péma Joung Né Gourou Rinpoché	Padmasambhava *syn.* Padmakara
pandit, érudit, lettré, savant…	khépa	pandita
petit véhicule	thèk-mèn	hinayana
phénoménologie	cheu-ngœunpa	abhidharma
poisons, 3	douk soum	trivisha
prince de l'espace	khandro	daka
princesse de l'espace	khandroma	dakini
Princesse-Vajra de l'Espace	Dorjé Khandroma	Vajra Dakini
reconnaissance de la nature de l'esprit	sèm ngo tokpa	

rinpoché ("précieux")	rinpoché	
rituel, office, cérémonie…	choga	puja
Roue de la Sublime Félicité	Khorlo Dèmchok Khorlo Dompa	Chakrasamvara
Sage des Shakya *littéralt.* Puissant des Shakya (Shakyamouni)	Shakya Thoubpa	Shakyamuni
sagesse, prime sagesse *syn.* conscience primordiale	yéshé	jnana
sagesses, 5 *syn.* conscience primordiale, cinq aspects	yéshé nga	pancha jnana
science du sens *ou* de la vérité intérieur(e), science bouddhiste de l'esprit	nang-deun rikpa	adhyatma vidya
sciences, 10	rikpai né chou	dasha vidya
sémantique	ngœun-jeu	abhidhana
Shantarakshita *son autre nom*: Abbé Bodhisattva	Shiwai Tso Khènpo Bodhisatto	Shantarakshita
sitologie	sa-ché	
souffle [subtil] vital souffles [subtils]	sok-loung	prana vayu
souffles [subtils] souffles (humeur)	loung	vayu
stoupa	cheutèn	stupa
Stoupa du Grand Éveil	Jangchoub Chènpo Cheutèn	Mahabodhi Stupa
tamboura (instr. musique)	tamboura	tambura
tantra	gyu	tantra
Transcendant, le	Déshinshèkpa	Tathagata
trésor spirituel	terma	
trigramme	parkha	
vacuité	tongpanyi	shunyata
vainqueurs, 5 *syn.* bouddhas, 5	gyelwa nga	pancha jina

Vainqueurs, le	Gyelwa	Jina
véhicule vajra, véhicule de l'indestructibilité	dorjé thèkpa	vajrayana
Vénérable, le *syn.* Victorieux	Chomdèndé	Bhagavat
vision supérieure *syn.* vision pénétrante	lhaktong	vipashyana
vue, point de vue, thèse vue, opinion	tawa tawa	darshana drishti
yogi	neljorpa	yogi
yogini	neljorma	yogini

Achevé d'imprimer sur rotative par l'Imprimerie Darantiere à Dijon-Quetigny en novembre 2005
Dépôt légal : novembre 2005 - N° d'impression : 25-1274

Imprimé en France